Jakob Sturm
Abschied vom Vater

—

Gegenwart

Für meinen Vater
*02.11.1934 – †13.01.2020

Die Orte der Vergangenheit, an die ich zurückkehre, konfrontieren mich zuallererst mit mir selbst. Sie rufen in mir wach, wie ich mich dort fühlte, haben aufbewahrt, wer ich war.

Orte sind ein Speicher meines Ich. Sie nehmen mich, ohne dass es mir eigentlich bewusst wird, in jedem Moment ganz selbstverständlich auf.

INHALTSVERZEICHNIS

DIE ARBEIT AN DER EIGENEN GESCHICHTE I
5

DAS BUCH / DIE LESUNG
11

ABSCHIED VOM VATER I
35

DIE ARBEIT AN DER EIGENEN GESCHICHTE II
73

SEINE KUNST
83

WIE WEITER? I
101

DAS NICHTVERFÜGBARE / DIE KUNST
109

WIE WEITER? II
153

ABSCHIED VOM VATER II
165

Heribert Sturm, Bronzerelief, ca. 40 x 50 cm, 1962

    Erst 2019, im Jahr vor seinem Tod, verlieh mein Vater der Arbeit den Titel:
DRESSUR – AUFLÖSUNG

DIE ARBEIT AN DER EIGENEN GESCHICHTE I

Eigentlich war sehr bald klar, dass ich weiterschreiben würde. Auch wenn mir das Schreiben nur einen schwankenden und immer wieder selbst zu klärenden Boden bot, so eröffnete es mir doch einen neuen Weg, auf dem ich, ohne zu wissen, wo er mich hinführen würde, weitergehen konnte.

Wieweit ermöglichte mir das Schreiben einen Zugang zu einer Wirklichkeit, die ich mit anderen teile, und andererseits zu meiner ganz eigenen, also meiner Beziehung zu den Dingen und zu mir selbst? Das war die Frage, die mich auch immer in Verbindung mit Texten im Rahmen meiner künstlerischen Arbeit beschäftigte und mir womöglich auch jetzt wieder, ausgehend von der Auseinandersetzung mit *meiner eigenen* Geschichte, einen Raum öffnete, um mich in ihm zu orientieren.

Der Schock der Parkinsondiagnose vor knapp drei Jahren hatte mich auf mich zurückgeworfen. Er hatte mich zu einer neuerlichen Selbstbestimmung genötigt und mich veranlasst zu schreiben, vor allem über meine Kindheit und Jugend und daran anschließend *meinen Weg in die Kunst*, also *meine* in der Vergangenheit wurzelnde *Geschichte* zu erzählen, um nach Möglichkeit deren Verbindung mit meinem Jetzt wieder anzuknüpfen und mein radikal infrage gestelltes Ich wieder neu und, so meine Absicht, entschieden auf eine in mir beruhende Grundlage zu stellen.

Im Februar 2020 erschien schließlich mein autobiographisches Textprojekt mit dem Titel „Orte möglichen Wohnens". Kurz vor seiner Fertigstellung war mein Vater gestorben.

Das Zusammentreffen seines Todes mit dem Erscheinen des Buches, in dem ich mich so intensiv, daher der Titel, mit den Stationen meines Heranwachsens, anhand der wechselnden *Orte* der Familie und meiner jeweiligen eigenen Orientierung an diesen *Orten*, beschäftigt hatte, gab mir konkret Anlass und Motiv weiter zu schreiben, anders, als ich es eigentlich nach Abschluss der Arbeit am Buch vorhatte.

Durch den autobiographischen Text dachte ich die bestimmende Verwurzelung in der Familie weitgehend aufgelöst, mich tatsächlich meinem Ich genähert und mir gleichzeitig mit dem Schreiben eine neue Perspektive erschlossen zu haben.

Doch der Tod des Vaters stellte dies alles noch einmal in Frage. Das Buch erschien mir plötzlich auf irgendeine Weise unfertig.

Was ist mit dem Text beziehungsweise mit mir durch den Tod der für mich, wie wohl doch ohne Zweifel für jeden, wichtigen Figur des Vaters passiert? Wieweit tangierte er, das spürte ich nur, auf zentrale Weise meinen Bezug zum Buch? Hatte der Tod des Vaters meine zurückliegende Geschichte auf irgendeine Weise verändert? Oder wurde durch seinen Tod die Perspektive, aus der das Buch meine Geschichte betrachtete, einfach in gewissem Sinne von der Realität zwar nicht in Frage gestellt, aber eingeholt, von ihr abgelöst?

Mit dem Schreiben hatte ich versucht, von den *Anfängen*, von meinen frühesten Erinnerungen ausgehend, meine eigenen, für mich entscheidenden Beweggründe ausfindig zu machen, das heißt herauszufinden, worauf sie sich, jenseits der Prägung durch den familiären Hintergrund, für den die Beschäftigung mit Kunst und die Rolle des Vaters als Künstler immer maßgeblich waren, zurückführen ließen.

Der Versuch einer radikalen Selbstvergewisserung mittels des Erinnerns hatte mich also noch einmal mit meiner Geschichte in der Familie konfrontiert, die durch meinen Weg seither nicht nur zeitlich, sondern auch räumlich weit entfernt lag – überlagert und doch zweifelsohne nach wie vor für mich bedeutsam.

Mit dem Rückbezug auf meine familiäre Prägung kam zentral die Figur des Vaters, dessen gesundheitliche Situation in den Monaten der Fertigstellung des Buches bereits sehr prekär war und sich zusehends verschlechterte, in den Blick.
Was war das für ein Platz, den der Vater noch bis zuletzt in meiner aktuellen Realität besetzt hatte? Wurde durch das Vakuum, das sein Tod hervorrief, nun vollends deutlich, dass diese Rückbindung gerade an ihn für mich immer eine maßgebliche Orientierung bedeutete? Das Buch hatte gewissermaßen mit einem letzten Szenenbild, der Begegnung mit dem Vater und den Relikten der Vergangenheit am letzten Ort der Familie geendet und war damit vorerst in der Gegenwart angekommen.

Er war nun nicht mehr da. Oder: Alles andere blieb ohne ihn zurück und veränderte sich dadurch in einer Weise, die sein Fehlen deutlich machte, und mich erst nur spüren ließ, welche fundamentale Bedeutung die Tatsache, dass er bislang noch immer im Hintergrund dagewesen war, für mich hatte.

Der Anlass des Schreibens und die Arbeit am Buch haben mir generell den Stellenwert von Brüchen für meine Biographie vor Augen geführt. Muss ich davon ausgehen, dass meine Geschichte durch bestimmte entscheidende Einschnitte in der Gegenwart, in der Konfrontation mit meinem Ich, wie eben durch die Parkinsondiagnose und den Tod des Vaters, immer wieder rückwirkend sich ganz wesentlich verändert? Schreitet sie möglicherweise dadurch eigentlich fort, durch diesen starken Bezug zur Gegenwart? Damit durch etwas, das ich nicht hintergehen kann, dem ich ausgesetzt bin. Was ist das für eine Wahrheit, die wir in ihrer Aktualität mit uns herumtragen, mit der wir uns zum jeweiligen Zeitpunkt identifizieren? Welchen Status hat sie in der Zeit und im Verhältnis zu unserem Ich, das, so hatte sich schließlich im Buch herausgestellt, durch Erinnerung letztlich nicht greifbar ist, „ich" vielmehr als immer gegenwärtig erlebe, und wir uns dennoch als in gewissem Sinne unveränderlich, also zeitlos vorstellen? Wie stellt sich dieser Zustand her? Er steht doch in jedem Fall auch in Beziehung zur eigenen Geschichte.

Die Orientierung meiner *Geschichte* an Brüchen, die bereits mein Buch prägt, ist alles andere als willkürlich. Irgendetwas in mir zwingt mich offenbar, den Faden immer wieder da aufzunehmen, wo er gerade gerissen ist.

Das Abreißen konfrontiert mich mit mir selbst. Das Wiederaufnehmen, jetzt durch das Schreiben, ermöglicht mir mit dieser Konfrontation umzugehen.

Der Vater hat das Buch nicht mehr zu Gesicht bekommen. Damit gehört es nicht zu den Dingen, zu der Totalität, die durch seinen Tod zurückblieb, ist vielleicht ein erster Schritt aus dieser Welt heraus. Der Umstand, dass er seine Veröffentlichung nicht erlebt hat, ist für mich andererseits ein neuerliches markantes Datum und gehört jetzt also auch zu meiner Geschichte. Sie ging einfach weiter und diese jüngste Zäsur warf schon jetzt ein neues Licht auf den Kontext, den ich mit dem Buch als *meine Geschichte* formuliert hatte. Aber viel wichtiger in Hinsicht auf das Vorhaben, das ich mit dem Buch verband: Es fehlte dem Buch nun wiederum der entscheidende Bezug zur Gegenwart, in der ich mich erst wiederfinde, mich neu bestimmen kann, von der aus es mir auch nur möglich ist, mit meiner Arbeit voranzugehen, auch das Schreiben eventuell auf eine andere Weise fortzusetzen. Diesen Bezug zur Gegenwart hatte der Text durch die Nachricht vom Tod des Vaters für mich verloren. Die Gegenwart, die immer von mir ein Reagieren fordert, in der ich mich bewege und aus der heraus ich mich nur verstehen kann, war mit seinem Tod eine grundlegend neue.

DAS BUCH / DIE LESUNG

Ich ging also los. Die anderen, meine Frankfurter Familie, aus München war meine älteste Nichte angereist, meine Schwestern hatten abgesagt, hatten einen Treffpunkt verabredet und wollten nachkommen. Ich konnte mich damit innerlich auf das bevorstehende, für mich so wichtige Ereignis konzentrieren und in Ruhe die letzten Vorbereitungen treffen.

Mit dem Verleger, der das Buch auch lektoriert hatte, und dem befreundeten Leiter der Galerie, in der die Buchpräsentation stattfinden sollte, hatte ich mich eine halbe Stunde vorher verabredet, um die Einrichtung des Raumes, die Aufstellung der Stühle und die Position des Podiums eventuell noch einmal zu überdenken. Doch als ich eintraf, war alles arrangiert und es war gut so wie es war. Der Verleger bereitete im hinteren Bereich des Raumes gerade noch den Tisch zum Verkauf der Bücher vor und wir wollten dann nur noch kurz den Ablauf besprechen.

Bald, noch viel zu früh, erschienen die ersten Gäste, vor allem engere Freunde und dann auch schon die Familie. Und nach einer Weile, nachdem die letzten Details eingerichtet waren, bildete sich eine kleine Traube von mir vertrauten Menschen in der Mitte des nun vorbereiteten, ansonsten noch fast leeren Raums. Ihnen konnte ich mich jetzt widmen.

Anschließend begab ich mich in die Nähe des Eingangs und begrüßte die in jetzt immer kürzeren Abständen eintreffenden Gäste. Einige kannte ich nicht. Manche registrierte ich nur beiläufig am Rand meines Blickfeldes. Sie machten eine knappe Handbewegung oder nickten mir nur kurz zu, während ich mich mit anderen einen Moment unterhielt. Durch die kurzen Gespräche, eigentlich nur eine Kontaktaufnahme oder etwas ausführlichere Begrüßung, ließ sich meine Nervosität kurzzeitig überdecken.

Der Raum füllte sich zusehends und nach und nach senkte sich die Situation für mich hinter eine Art Schleier. Die vielen Stimmen drangen nur noch wie aus der Ferne zu mir durch. Für einen kurzen Moment konnte ich die Ansammlung von Menschen nur mehr unscharf vor mir sehen, die Lautstärke der Gespräche wurde jetzt vollständig geschluckt, als wären meine Ohren zugefallen.

Weitere Gäste kamen in nun wieder größer werdenden Abständen. Schließlich trat ich noch einige Male auf den Gehsteig hinaus, vorgeblich um zu sehen, ob sich noch jemand näherte. – Man erkannte sie sofort, die schon von weitem den Eingang der Galerie in den Blick nahmen und darauf zusteuerten. – Doch eigentlich ging es darum, mich der Konfrontation mit den vielen Menschen zu entziehen, um kurz bei mir zu sein, mich nun konkret auf das Bevorstehende zu konzentrieren. Es kam jetzt auch niemand mehr. Die Menschenmenge hatte sich im Raum, dichtgedrängt zwischen den Stuhlreihen, festgesetzt. Der durch die angeregten Gespräche hervorgerufene Pegel, den ich jetzt wieder wahrnahm, war konstant hoch, zwischendrin war immer wieder ein lauter Lacher oder hie und da ein Ausruf zu vernehmen.

Ich hielt schließlich noch ein letztes Mal Ausschau, mehr aus einem Reflex, wandte mich aber unmittelbar wieder hinein und stimmte mich mit dem Verleger und dem Leiter der Galerie ab, ob wir nun nicht beginnen sollten.

Ein Großteil der Gäste hatte inzwischen seine Plätze eingenommen. Die Sitzreihen in dem vorderen Block, unmittelbar vor dem kleinen Podium, bestehend lediglich aus einem runden Tischchen mit zwei Stühlen links und rechts davon, zum Publikum ausgerichtet, auf denen der Verleger und ich gleich Platz nehmen würden, eine Wasserflasche mit zwei Gläsern stand schon bereit, waren nun gut gefüllt. Eine weitere Gruppe von Stühlen hinter einem kleinen Durchgang in der Breite einer Stuhlreihe an der rückwärtigen Wand und eine dritte, seitlich, die von der Eingangstür über diesen Durchgang zu erreichen war, hinter der sich der Büchertisch befand, füllten sich ebenfalls.

Ich hatte damit gerechnet, dass es voll werden würde. Am Ende saßen sogar Leute, vor allem jüngere, auf der Treppe zur Empore und auch oben auf dieser, von wo man, wenn man sich zur Balustrade vorbeugte, wohl den besten Überblick über das Geschehen und eine gute Sicht auf das kleine Podium hatte (beneidete ich die da oben für ihre Distanz?). Einige standen jetzt am Eingang oder saßen auf der Fensterbank des großen Schaufensters – unter anderem meine Nichte aus München (sie musste ihren Platz für eine ältere Person freigemacht haben) – links neben dem Eingang.

Ich sah jetzt die bekannten Gesichter auf den von mir reservierten Plätzen in den ersten Reihen nicht mehr, blendete sie aus. Der Raum war über seine Kapazität und, so nahm ich es wahr, von gespannter Erwartung gefüllt und wir wollten nun also beginnen.

Monate später, also jetzt, da ich dies schreibe, war ein solches Szenario wegen des Coronavirus, das nun die Gesellschaft in Atem hielt, nicht mehr denkbar.

Es ging um *mein* Buch, seine öffentliche Präsentation. Erst vor wenigen Tagen hatte ich es zum ersten Mal in Händen gehalten. Ich hatte nach langer Suche, der Text war in einem guten halben Jahr entstanden, einen Verlag gefunden, der es veröffentlichen wollte. Ein Erfolg, zu dem mich viele, die meine Situation und das Motiv meines Schreibens kannten und denen ich teilweise das Manuskript vorab zu lesen gegeben hatte, beglückwünschten.

Der Anlass war nun aber durch den Tod meines Vaters, der erst wenige Wochen zurücklag, getrübt. Da war erneut dieses unklare Gefühl, irgendwie in der Luft zu hängen. Ich wusste noch nicht, was sein Tod für mich bedeutete. Würde jetzt, da war zumindest schon so eine leise Ahnung, die Auseinandersetzung im Buch, die zuletzt so viel Raum einnahm, die Einsichten, die ich für mich gewonnen zu haben glaubte, noch einmal in einem ganz neuen Licht betrachtet werden müssen? Oder würde ich bestimmte zentrale Fragen eventuell ganz neu zu stellen haben?

Das Schreiben hatte unzählige Erinnerungen, fast Vergessenes zu Tage gefördert. Das Erinnerte hatte eine ganz eigene Dynamik entwickelt. Die Besuche beim Vater während ich noch am Text arbeitete, mehr als ein Jahr vor der Veröffentlichung, waren für das Buch wichtig gewesen, brachten es zu Ende: die Gespräche und die Begegnung mit den Relikten der Geschichte der Familie, in Wies, dem zweiten bedeutsamen Ort, den ich im dritten Kapitel beschrieben hatte, an dem er noch immer gelebt hatte, an dem es schon seit Langem keine Familie mehr gab.

Es waren die Orte, das war im Buch ein für mich markanter Anhaltspunkt, die die Eltern immer für die Familie schaffen wollten, anfänglich getragen durch die gesellschaftliche Stimmung von 68, Inseln in einer Welt, in der das Leben der Mehrheit der Gesellschaft stattfand, die sie ablehnten. Die Orte verkörperten eine Suche. Es waren dann besondere Situationen, in denen immer gebaut wurde, in denen wir wohnten, meist zunächst Provisorien, die ich mir immer parallel selbst erschloss, um für mich Halt zu finden.

Dabei war es, so meine Einsicht, paradoxer Weise dieses Provisorische, das Ungesicherte, das mir diesen Halt anbot, weil es mir gleichzeitig die Spielräume eröffnete, meine eigene Welt zu entwickeln: „Orte möglichen Wohnens". Am Ende hatte ich, an jenem letzten Ort, an dem das Ziel der Suche in den Hintergrund rückte, faktisch ihr Ende markierte, durch die gemeinsamen Bauarbeiten mit dem Vater, auch als ich eigentlich schon weg war und die Familie sich eben schon auflöste, noch ganz real und aktiven Anteil. Was da entstand, hatte wohl, mehr als mit einer Perspektive für die Familie, mit einer gemeinsamen intensiven Auseinandersetzung mit der Frage des Raums und unser beider Verhältnis, was durch seinen Tod jetzt noch einmal stärker in den Fokus rückte, zu tun und mit meinem neuen, eigenen Weg, den ich schon eingeschlagen hatte, den er nicht kannte, leitete dahin über.

Die vielen unterschiedlichen Stationen und Orte der Familie waren erst durch das Schreiben wieder wachgerufen, lebendig geworden. Was ich mir ins Bewusstsein rief, war, wie in den Gesprächen mit dem Vater deutlich wurde, aber nicht seine Realität oder Geschichte. Er hatte hier *seine* Welt, alles was mit seiner Arbeit in Verbindung stand, für ihn Bedeutung hatte – auch in Bezug auf die Familie – bis zuletzt versucht zu bewahren und aufrechtzuerhalten. Für mich hatte und hat der Ort, obwohl oder gerade, weil er in gewissem Sinne unser gemeinsames Werk war, bis heute eine andere Bedeutung. Für mich war was hier geschah prägend, für ihn war der Ort ein Abschnitt seines Erwachsenenlebens, seiner Gegenwart und schließlich auch der Ort, an dem dieses Leben und seine Perspektive immer kleinere Radien markierte.

Bestand also auch hier, nicht nur in der Vergangenheit, sondern gleichermaßen in der Gegenwart, der Begegnung, in diesem Unterschied ein Ansatzpunkt, an dem mein Ich, unabhängig von und doch in Bezug zu ihm, zu finden war?

Aber wie war es in der Gegenwart zu fassen? Das waren die letzten Fragen, die sich im Buch nicht auflösen ließen. Natürlich beruft sich das Ich immer auf eine Gegenwart, immer wenn es „ich" sagt, steht es mittendrin und muss auf irgendeine Weise genau hier gesucht werden. Es lässt sich aber nicht beschreiben, es zeigt sich vielmehr von sich aus, in dem, wie es reagiert, sich ausdrückt. Hier wollte ich mit dem Schreiben weitermachen, hierfür sollte mir das Buch die Perspektive und Grundlage schaffen: *mich* weiterzuschreiben.

Die letzten Begegnungen mit dem Vater ließen mich zunächst noch intensiver erinnern und gaben mir weiteres Material für meine Sicht auf das Vergangene. Der Glaube, dass wir die Vergangenheit teilen, gemeinsam wachrufen können, so wurde mir deutlich, ist Illusion. Erinnern ist ein produktiver Prozess. Was wir erinnern ist was ganz allein wir in der Gegenwart, durch unseren eigenen Zugang, aus dem Vergangenen machen. Hier, in der Gegenwart, stoße ich auf diesen Unterschied, wie wir die Dinge sehen, darin zeigt es sich erst deutlich, dieses Ich. Hier muss ich mein Ich, auf welche Weise auch immer, ab- und eingrenzen.

Da waren, so wurde mir auch klar, immer schon in der Vergangenheit diese zwei Welten, meine und die der Familie, die sich in mir aufspalteten, auch als ich noch mit der Familie lebte. Im Befund dieser Aufspaltung bestand im Buch ein erstes wichtiges Indiz, mich meinem Ich zu nähern.

Auch den Raum der Familie, den die unterschiedlichen Orte aufspannten, hatte ich mit meinem Weggang, in dem Terrain, in dem ich mich in der jüngeren Vergangenheit bewegte, eben bis zu jener jähen Zäsur, die die Parkinsondiagnose für mich bedeutete, als ein Teil meines Ich in mir eingeschlossen.

Das Erinnern erst rückte vieles davon wieder in den Blick, das dennoch räumlich und zeitlich weit weg lag, wie eine fremde Geschichte.

Da war, was ich im Buch eingehend beschrieb, das freie Leben auf dem Land und auch immer das hin- und hergerissen Sein zwischen der Situation auf dem Land und der Großstadt, München, die politisch bewegte Atmosphäre der Siebziger, die Abschiede und das immer wieder neue Erschließen der Orte im Verbund der Familie und immer schon zentral die Figur des Vaters als Künstler und seine Lehre an der Münchener Akademie. Das alles bedeutete einen unverwechselbaren Rahmen und Koordinaten, die sicher entscheidend waren für meinen eigenen *Weg in die Kunst*. Und im Hintergrund stand im Sinne der Stimmung der Zeit immer auch der Gedanke einer gesellschaftlichen *Utopie*, mit der sich die Bestrebungen der Eltern verbanden. War es dieses Utopische, das ich im Spiel übernahm und das die beiden Welten, meine und die, in der sich die Familie orientierte, verband? Letztlich sollte es um beides im Buch gehen, meinen Weg und für mich die Rolle der Utopie, was ich im Untertitel deutlich machte.

Doch an welche Utopie heftete sich mein Denken und wie sollte ich also meinen Weg weitergehen? War da in der

Vergangenheit nicht etwas, das einfach mit der *Zeit* zu tun hatte, natürlich auch ideologisch war und in der Gesellschaft inzwischen völlig in Vergessenheit geraten, ja erstorben und sogar in Misskredit geraten war? Der Traum von einer besseren Welt verbunden mit mehr oder weniger klaren Vorstellungen von einer solchen oder entsprechenden Experimenten. Was war in den seither vergangenen Jahrzehnten daraus geworden, waren sie einfach darüber hinweggegangen? Was war der Erinnerung wert, war wichtig? In einem kleinen Abschnitt im Buch beschäftigte ich mich mit diesen politischen Fragen, die auch für mich bis heute aktuell sind.

Was hatte aber die für mich weiterhin bedeutsame Vorstellung des Utopischen damit zu tun? Habe ich das, was meine Eltern antrieb, was die Stationen meiner Kindheit und Jugend prägte versucht in die Kunst zu überführen? Hatte das ansatzweise nicht schon mein Vater getan, in einer Zeit, in der es nach den lauten gesellschaftlichen Ereignissen ihm darum ging, sich in der Kunst darauf zu besinnen, worum es eigentlich ging? Hat daher das Festhalten an diesem Utopischen auch zu tun mit dem Festhalten an den Parametern, die sich für mich an die ungewöhnlichen Lebensumstände, die sich letztlich doch jenseits der Strömungen der Zeit vielmehr aus den Fragen der Kunst ergaben und ich immer noch, wie mir jetzt noch klarer wird, mit der Figur des Vaters in Verbindung brachte?

Ich hatte in den teilweise prekären, dann oft auch krisenhaften Situationen der Familie immer versucht, diese zusammenzuhalten, meine Rolle schon früh als Kind darin gesehen. Meine selbstgeschaffenen Welten sollten in irgendeiner Weise auch dafür dienen, den Rahmen bilden, in dem sie für mich geschützt war. Der Übergang zwischen Wirklichkeit und Fiktion musste daher fließend sein. Was wollte ich schützen?

Ich habe dann die reale Welt, die für mich die Welt der Familie gewesen war, die ich irgendwann zurückließ, damit bewusst abgespalten, in mir vergraben. Oder wollte ich sie, als die Familie zu dem Zeitpunkt auseinanderzudriften begann, für mich dadurch bewahren?

Am Ende habe ich durch meinen Weggang auch etwas aufgekündigt. Wollte ich die Familie mit dem Buch ein weiteres Mal retten, gar etwas wiedergutmachen? Nein, es war natürlich nicht eigentlich die Familie, die ich für mich retten wollte. Das hätte nicht das Motiv abgegeben, das Buch zu veröffentlichen.

Was war es also, was über die biographischen Daten hinaus für mich so bedeutsam war? Das frühe Nichtgetrenntsein von Kunst und Leben, das die Atmosphäre der Familie an den unterschiedlichen Orten bestimmte und ich vor allem im ersten Kapitel, bezogen auf den ersten, initialen Ort in der Einöde, den „Berg", beschrieb – ein fantastischer Orientierungsraum und Startpunkt für ein Kind! War es das, was ich für mich retten wollte? Ging es dabei um den entsprechenden aktiven, kreativen Zugang zur Wirklichkeit, auch jetzt, und die *Möglichkeit* als Perspektive, mich in meinem Leben selbst immer wieder neu aufgrund von vorgefundenen Gegebenheiten und auch im gesellschaftlichen Horizont, einrichten zu können? War das der Kern der Utopie, nicht irgendein Ziel, sondern diese konkrete *Möglichkeit*?

Mit allen, mit denen ich in Verbindung mit meiner Arbeit zu tun hatte, wollte ich schließlich immer diese Möglichkeit gemeinsam nutzen.

Ich hatte inzwischen jahrelang fortwährend versucht, auf unterschiedliche Weise mit meiner künstlerischen Arbeit Orte zu schaffen, im realen Raum, aber auch in Texten. Sie boten in gewissem Sinne für mich selbst eine Verortung in schon seit jeher in der Perspektive der Familie und jetzt für mich fremder Umgebung und bedeuteten doch indirekt immer eine Art Vorschlag für die Gesellschaft, den Versuch eines alternativen Zugangs zum Raum und dessen Potentialen. Was waren das für Orte? Sie sollten etwas stiften. Auf welcher Ebene, in welchem Raum lagen sie?
Der Vater hat die Verbindung von Kunst und Leben auf irgendeine Weise gelebt. Wollte ich es ihm gleichtun? Ich weiß es nicht. Tatsache ist, dass ich schon sehr früh wusste, dass ich am Ende meine eigene Verbindung zwischen beidem, einen Ort im Leben und in der Kunst für mich und auch mit anderen suchen musste, um für mich Gewissheit zu finden.

Ging es also auch in meiner künstlerischen Arbeit darum, gewissermaßen in der Tradition der Familie, auf eine wiederum recht ungewöhnliche Weise am neuen Ort einen solchen für mich zu finden, mich in einem *möglichen* Ort einzurichten – und auch jetzt erneut mit dem Schreiben? Konnte dieser Ort, den ich für mich suchte, weiterhin, musste er aber nicht eventuell wiederum auf eine *neue Weise* in der Kunst liegen? War mein weiterer Weg für mich in Verbindung mit dem Schreiben, in der Kommunikation, die dieses Schreiben jetzt ermöglichen sollte und in der

Kunst möglich? Sollte die Kunst sich für mich jetzt mit dem Schreiben, meiner realen Geschichte verbinden? Welches Verhältnis bestand zwischen beidem? Bestand hier nicht schon immer eine zentrale Frage für mich? Waren meine Geschichte und die Kunst gleichermaßen, worin ich mich einrichtete?

Oder ging es jetzt jenseits all dieser Kategorien, des Settings der familiären Bühne, einfach um eine Kontinuität ganz für mich? Musste ich mich gewissermaßen fort-*schreiben*, um meine Geschichte zu verstehen, diesseits oder jenseits der Kunst? Es ging letztlich um einen Anknüpfungspunkt, von dem aus ich mich wieder orientieren könnte. Nur so würde ich mich wiederfinden können, oder überhaupt selbst finden können, nicht in der Vergangenheit, sondern in der Gegenwart.

Das Schreiben war immerhin ein aktiver Prozess, ein Reagieren, eine neue Form, mich in der eigenen Geschichte und gleichzeitig auch meiner aktuellen Realität wiederzufinden, als Voraussetzung, meinen Weg weiterzugehen.

Seit der Entscheidung für den Ort und den Termin, dem Abschluss von zweieinhalb Jahren Arbeit am Buch, *meiner Geschichte*, bestand durch den Tod des Vaters auch ganz praktisch ein Einschnitt. Ich war mit anderen Dingen beschäftigt, war seither mit Situationen konfrontiert gewesen, Terminen beim Bestattungsunternehmen, Gesprächen über meinen Vater mit einem Geistlichen, der zur Beisetzung sprechen sollte (vieles hatte ich noch aus dem

Fundus meines Buches geschöpft), Organisatorisches mit der Friedhofsverwaltung, Abläufe, die ich nicht kannte, die aber in ihrer ganzen Banalität eine Zwangsläufigkeit bedeuteten, die ihrerseits mühelos meine sonstige Realität und meinen Alltag auf den Kopf stellte, mich aus der Bahn warf – oder mich wieder auf den Boden der Realität holte, freilich einer neuen, also einer, die es erst zu verstehen, der es sich anzuvertrauen galt. Plötzlich wieder in München, so nah an der Familie – mit einer neuen Rolle, oder doch der alten?

Jetzt sollte ich aber wieder hier sein, mich auf das konzentrieren, was durch die Ereignisse der vergangenen Wochen in den Hintergrund gerückt und doch bis zu dem Zeitpunkt für mich von elementarer Bedeutung war.

Es war der 11. Februar 2020. Um 19:30 Uhr war die Buchvorstellung in der Galerie in der Frankfurter Braubachstraße im historischen und kulturellen Zentrum der Stadt, am Rande der erst seit eineinhalb Jahren eröffneten, wiederaufgebauten Altstadt und unweit des Museums für Moderne Kunst, der Kunsthalle Schirn, des Kunstvereins und der meisten Galerien der Stadt angesetzt. Der ideale Ort und für mich ein entscheidender Moment, ein realer Neuanfang, könnte man in gewisser Weise sagen. – Ein Buch hatte von mir niemand erwartet. Und nun auch noch, unabhängig vom Anlass, der Präsentation des Buches, für mich ein Neuanfang angesichts des Todes des Vaters.

Wenige Tage zuvor war die Vorankündigung des Buches in der Frankfurter Allgemeinen Zeitung erschienen. Waren das nicht immerhin Anzeichen, dass ich nun, durch meine jahrelangen Aktivitäten, endgültig angekommen war in der Stadt, in der ich seit über dreißig Jahren fernab der Familie meinen Weg gegangen war, letztlich um der Kunst und dem, was ich mit ihr verband, konkret Raum zu schaffen? Andernfalls hätte sich, außer dem Publikum des Verlags, wohl auch niemand für das Buch interessiert.

Der Verleger und ich hatten uns an den Tisch gesetzt und der Leiter der Galerie begann nun, neben uns stehend mit ein paar begrüßenden und einleitenden Worten zu meiner Person. Dabei kannte mich bestimmt die Hälfte des Publikums so gut wie er.

Ich hatte mit dem Verleger eine Strategie überlegt, wie die Vorstellung des doch einigermaßen ungewöhnlichen Buches, es war weder literarisch noch einfach autobiographisch, erfolgen konnte. Zuerst sagte er ein paar Worte, wie wir uns begegnet waren und wie es zu der Entscheidung kam, das Buch im Verlag zu veröffentlichen. Danach wollten wir uns, abwechselnd immer wieder Passagen lesend, über das Buch, die entsprechenden Stellen unterhalten und schließlich auch dem Publikum Gelegenheit für Fragen geben.

Nach seinen einleitenden Worten sollte ich als Erstes eine Passage aus dem Buch lesen. Ich wollte, das hatte ich für mich beschlossen, gewissermaßen mit der Tür ins Haus fallen, las den Prolog, der früh, noch im Eindruck der frischen Diagnose, gewissermaßen aus mir herausgebrochen war und mit dem ich den doch recht intimen Anlass des Schreibens und seine unmittelbare Motivation gefasst hatte. Spiegelbild meines Gemütszustandes und Initial der

Wucht, die der Verleger dem Buch insgesamt attestierte. Dieser Einstieg war durchaus als eine Zumutung gedacht, sollte sofort sehr direkt in den Kern meines Innern führen, deutlich machen, dass ich es ernst meinte, das Publikum gefordert war. Dann wollte ich etwas zum Buch insgesamt sagen, zu seinen verschiedenen Ebenen – erzählerisch, reflexiv, vielleicht philosophisch und auch politisch – und wie ich es für mich im Kontext meiner künstlerischen Arbeit sah. Wobei Letzteres, also die Einordnung in meine sonstige Arbeit, offenbleiben musste und mit dem Buch als Frage im Raum steht. Schließlich war es auch gar nicht an mir, diese Frage zu klären. Beziehungsweise, die Frage für mich zu klären hatte auch nur für mich Bedeutung. Oder ging es in dem Zusammenhang schon zentral um die Frage einer neuerlichen Verortung – und damit ja auch wieder um ein zentrales Motiv meiner Arbeit?

Das Buch lässt den Leser tief in mein Inneres blicken. Ich wollte mich öffnen, mitteilen, aus einem, aus Anlass der Diagnose und dem was sie in mir auslöste, dringlichen Bedürfnis zu kommunizieren, meine Umwelt teilhaben lassen, alle, die mich durch meine, meinem Charakter zugeschriebene Reserviertheit, die womöglich durch die in mir vergrabene Vergangenheit bestand, nicht wirklich kannten. Damit war jetzt aber durch die Präsentation zwangsläufig und umso mehr eine Konstellation verbunden, die ich immer gemieden habe. Die Aufmerksamkeit aller auf mir, vor Publikum sprechen, unter stetiger Beobachtung. Jetzt gab es wohl keine Alternative, damit, was ich mit dem Buch beabsichtigte, tatsächlich passierte, ein Prozess losgetreten würde, ohne schon absehen zu können, was das für Folgen für mich, den Kontext, den ich im Buch beschrieb, also auch Beteiligte (ich hatte keine Namen genannt) und mein Verhältnis zur Umwelt oder dieser zu mir, hatte. Ja, diese Neugier, das Risiko durch meinen Einsatz und den Wunsch zu kommunizieren, auszutauschen, was mich umtrieb, steckte hinter dem Entschluss, als ich irgendwann entschied, das Buch veröffentlichen zu wollen. Das war beileibe am Anfang, als ich zu schreiben begann und dieses Schreiben vor allem für mich eine wichtige Bedeutung hatte, nicht klar.

Da war also doch immerhin, wie immer im Zusammenhang mit meinen künstlerischen Arbeiten, die Spannung und das Motiv, dieses Nichtwissen, Fragen, Offenlassen wie sie aufgenommen würden, was entstehen würde, jenseits dessen was ich beabsichtigen konnte. Was sich meiner Kontrolle entzog bildete immer den Raum, in den andere eintreten konnten. Meine Arbeit bot diesen immer an. So konnte aus einer Kommunikation, die dadurch möglich wurde, etwas Unvorhergesehenes eventuell Gemeinsames entstehen. Dafür war ich auch jetzt offen, war geradezu neugierig. Und dazu musste ich mich dieser Situation eben aussetzen. Hatte ich diesen Aspekt, der immer irgendwie zu meiner Arbeit gehörte, um den es *jetzt* ging, bisher immer noch zu sehr kontrolliert, zurückgehalten und damit nicht eigentlich kommuniziert?

Es bestand im Buch, anders als in meinen bisherigen Arbeiten, eine tiefe Verbindung zu mir selbst, meinem Ich. Ich investierte und riskierte damit viel. Aber bestand darin nicht, ganz unabhängig von mir, lediglich in besonderer Weise jene Grenzüberschreitung, die für mich immer zur Kunst gehört? Musste sie nicht immer was nicht zur Kunst gehörte in sich hineinnehmen, um neue Wege zu gehen, wodurch sie nur *für uns* immer wieder neu Bedeutung erlangen konnte? Investierte ich mich erst jetzt selbst vollständig in meine Arbeit? Und war also diese Überschreitung nicht immer auch ein Motiv meiner Arbeit, um der Kunst den Kontakt zur Wirklichkeit und zum Leben zu sichern?

Als Allererstes entschuldigte ich mich für meine Nervosität. Das war vielleicht, so hatte ich überlegt, ein guter Trick, sie mir zu nehmen. Tatsächlich hatte ich den Eindruck, dass schon jetzt, wenn ich nervös oder gestresst war, die Symptome meiner Krankheit stärker waren. Ich stolperte dann zum Beispiel über Worte, hatte Schwierigkeiten mit der Artikulation.

Aber es ging gut. Bevor ich ansetzte zu sprechen, nahm ich einen Schluck Wasser, war plötzlich ganz ruhig und konzentriert, ließ mir Zeit, nahm mir meine Zeit und den Raum, mich auf das zu besinnen, was ich sagen würde. Die Stimmung im Raum entsprach plötzlich der im Buch. Ich konnte mich zurückversetzen, holte, was ich sagte aus der Tiefe. Ich las Erinnertes und holte im Gespräch die Gedanken aus meinem Innern, stülpte mich nach außen. Ich glaube, ich sah das Publikum kaum an, wie ich Gesprächspartner nie ansehe, wenn ich beim Sprechen versuche, einen Gedanken, was ich sagen will, möglichst präzise zu fassen. Ich war bei der Sache, schaute wieder in ein Nichts oder nach innen, war ganz bei mir. Die Konzentration auf die Gedanken erlaubte keine Ablenkung. Ich fragte mich immer, wie das in solchen Momenten wirkte, ob die Menschen, gerade die mir sehr nah waren, aber auch überhaupt meine Gegenüber dadurch nicht irritiert wären. Wie wirkte ich jetzt auf das Publikum? Was sahen sie von mir? Ich stellte mich aus. Von sich selbst hat man das unklarste Bild.

Die Rückmeldungen danach waren positiv. Die gespannte Erwartung wurde durch die Zeit, die ich mir nahm, nicht überstrapaziert, die Leute hingen mir, so wurde mir anschließend einhellig rückgemeldet, vielmehr an den Lippen, nahmen jeden Satz, jedes Wort sehr zugewandt auf. Ich glaube, das war mir bisher nie gelungen. War es, weil ich aus meinem Innersten hervortrat? Jetzt konnte ich auch in einer solchen Situation, in der ich mich früher immer selbst beobachtete und daher nervös war, ganz bei mir sein, ausgesetzt der Wahrnehmung so vieler und dabei eben ganz bei mir. Der Verleger hatte anfänglich davon gesprochen, dass man mir beim Lesen meines Buches gewissermaßen beim Schreiben über die Schulter gucken würde. So konnte man mir jetzt womöglich beim Denken zusehen, tief in mich hineinsehen. Ich weiß es nicht. Aber ich empfand dabei keine Bedrohung mehr. Woher hatte ich jetzt diese Sicherheit?

Vielleicht war meine plötzliche, neue innere Ruhe auch dem Tod des Vaters, der mich in den vergangenen Wochen emotional eingenommen und beinahe vollständig beansprucht hatte, geschuldet. Ich war dadurch in gewissem Sinne abgelenkt, anderweitig besetzt, ja auch belastet, vielleicht gar nicht zu hundert Prozent anwesend. Manchmal hilft mir eine solche Ablenkung, das gewissermaßen auch Nebenmirstehen, gleichzeitig von einer anderen Sache eingenommen sein, mich nicht zu stark auf eine Situation zu fixieren und damit mit ihr freier umzugehen. Es hilft mir dann, meiner eigenen wahnhaften Fokussierung zu entkommen.

Diesmal war es aber anders. Fand da vielmehr gerade, da war eine leise Vermutung, eine Befreiung statt? Ich konnte noch nicht sagen, wie sich das anfühlte. Irgendwie stand ich mehr in mir, fühlte mich „selbständiger". Vielleicht jetzt vollends erwachsen? Was war da passiert, durch den Tod des Vaters? Es war da ein Gefühl, als wäre eine zweite Nabelschnur durchtrennt worden. Hatte ich mich in dem Buch nicht gerade so intensiv mit dieser Bindung und der Lösung, der Frage nach mir selbst beschäftigt? War nun manifest die Situation eingetreten, die ich mit dem Buch erlangen wollte? War das Buch, das Problem, mit dem es sich befasste, abgesehen davon, dass der Tod des Vaters ein neues Licht darauf warf, damit bereits ein gewisses Stück in die Vergangenheit gerückt, war durch den Tod des Vaters überlagert, und es bestand dadurch für mich bereits eine Distanz. Und konnte ich deshalb plötzlich so relativ souverän und dennoch sehr authentisch mit der Situation umgehen? War also durch den Tod des Vaters geschehen, was mir mit dem Buch vielleicht noch nicht gelungen war? Wurde das erst mit seinem Tod möglich?

Oder geschah es doch durch das Buch, passiert eine solche Distanzierung ohnehin, wenn man ein solches Projekt abschließt? Ich hatte bereits im Epilog formuliert, dass ich mit dem Niederschreiben des Erinnerten mit diesem in gewisser Weise auch abgeschlossen habe, das Erinnerte wieder wachgerufen, in meine Nähe geholt, aber dies damit gleichzeitig verarbeitet und eine Distanz für mich zu meiner Vergangenheit und auch gegenüber der Familie weiter vergrößert habe. Das Buch war eine eigenartige Mischung aus einem Nebenmichtreten und einem in mir Sein. Hatte es damit zu tun, dass man das Gefühl haben konnte, mir beim Schreiben über die Schulter zu gucken, was jetzt in der Stimmung der Veranstaltung eine Entsprechung auf anderer Ebene fand? Würde so auch die Kommunikation des Buches stattfinden, transportierte es sich so, dass es den Leser an mir, meinem Inneren in für ihn unerwarteter Weise teilhaben lässt, während ich doch für diesen gleichzeitig ein Anderer, Fremder bin (und bleibe)? Fußt Kommunikation immer auf der Schnittmenge zwischen mir, meinem Inneren und dem anderen, die die Sprache auf irgendeine geheimnisvolle Weise herstellt?

Oder war es für die, die mir näherstanden, mich zu kennen glaubten, nicht auch eine Zumutung, die ihnen unmöglich machte zu reagieren? Da bestand schließlich durch das Buch nun ein Ungleichgewicht in der Kommunikation.

Und wie war es für die, die mich nicht kannten, würde es von ihnen einfach aufgenommen wie jedes beliebige literarische Werk? Konnte man es so lesen?

Ein Buch hat für den Leser doch nie die Bedeutung, die es für den Autor hat. Das Empfinden, was es für Letzteren bedeuten kann, war für mich, nun in der Rolle des Autors, eine Premiere.

Im Buch lebt der Vater noch. Das drückt sich ganz banal darin aus, dass die Rede von ihm und die letzten Schilderungen seiner Situation in der Gegenwartsform erfolgen. Die letzten Veränderungen, sein letztes halbes Jahr, der Aufenthalt in verschiedenen Kliniken, wurden nicht mehr Gegenstand des Textes. Er war nun tot und es wäre ohnehin zu spät gewesen, im Buch noch etwas zu ändern. Zum Zeitpunkt der Nachricht vom Tod ging es nur noch um die Fragen der Produktion, um graphische Details, die Abstimmung zwischen den Graphikern, dem Verleger und mir. Die letzten Fahnenkorrekturen waren erfolgt, das Buch sollte in Druck gehen.

Bestand nun also darin, gewissermaßen in der Tatsache, dass der Vater die Veröffentlichung so knapp nicht mehr erlebt hatte, das unmittelbare Motiv weiterzuschreiben, wie im Buch ganz am Ende in Aussicht gestellt? Ich wusste von Anfang an nicht, wo mich das Buch hinführen und wie es, wenn es fertig wäre, weitergehen könnte, auch mit dem Schreiben. Die Geschichte sollte vielleicht weitererzählt werden, sich dann möglicherweise parallel zu meinem Leben weitererzählen, so etwas hatte ich schon gedacht. Die Fortsetzung lebt nun in der Spannung, die sich zwischen der Entwicklung innerhalb und außerhalb des Textes ergibt. Welche Verbindung geht mein Text mit der Wirklichkeit ein, wie unterscheidet er sich dadurch von der klassisch literarischen Form, worin besteht seine andere Bezugnahme auf die Wirklichkeit und wie definiert er damit das Verhältnis zu dieser? Das sind die Fragen, die für mich, wie in meiner Arbeit generell und den bisherigen Texten im Rahmen meiner Arbeit, erneut aufgeworfen sind. Ist da ein weiterer Aspekt der Frage, wie der Text in meine Arbeit gehört?

Oder besteht diese Verbindung gerade in eben jener spezifischen Überschreitung, die in meiner Arbeit immer eine Rolle spielt, das vordergründige Ignorieren der Unterscheidung von Wirklichkeit und Fiktion, das Infragestellen der Zweckfreiheit der Kunst, die Verbindung von Kunst und Leben? Jetzt also das Investieren meiner ganzen Person, meiner realen Geschichte?

Der Verleger hatte mich schon bei unseren ersten Gesprächen und jetzt wieder vor Publikum darauf angesprochen, dass ihn etwas anfänglich beim Lesen des Manuskripts doch sehr irritiert hätte, dass ich im Buch, wenn ich über meinen Vater schreibe, und auch im Gespräch immer sehr unpersönlich vom „Vater" spreche. Darin drücke sich für ihn eine große Distanz aus, nichts Liebevolles oder Vertrautes, keine Nähe zum Vater, kein emotionales Verhältnis zwischen Vater und Sohn. Er hätte dann aber beim Lesen und im Laufe unserer Gespräche verstanden, dass dies im Text und durch den Text anders zum Ausdruck kam, in einer anderen Nähe, die zwischen uns bestand. Doch war die Frage des Verlegers jetzt, was mich dennoch, eben angesichts des Todes meines Vaters, beschäftigte.

Was hatte ich für eine Beziehung zu ihm? Bestand sie in erster Linie durch den „Gegenstand", von dem er immer sprach? Teilten wir einen solchen? Zur Selbstkonstitution bedurfte es, so seine Auffassung, eines „Gegenstandes" und der Kontinuität der Auseinandersetzung. Daran heftete sich für ihn die eigene Identität. Er meinte damit wohl einen Zugang zu den Dingen und der Welt, eine Fragestellung, einen Inhalt der Auseinandersetzung und die eigene Logik, die mit diesem Gegenstand in Verbindung stand. Haben wir, konnte man einen solchen teilen? Und wenn ja: Worin bestand er? War es schlicht das Bildnerische, Ästhetische, das uns gemeinsam beschäftigte, und auch mich aufgrund der Intensität unserer Begegnung nicht mehr losließ? Stiftete dieser Zugang unsere Beziehung und unsere Gemeinsamkeit? Und wie kann ich unter dieser Prämisse unser Verhältnis beschreiben? Dies war noch nicht die Fragestellung oder dezidert das Thema des Buches, sondern: Wo finde ich, angesichts der durch die Atmosphäre der Familie und natürlich letztlich durch ihn vorgegebene Auseinandersetzung mit der Kunst, mich selbst, meine Motive? Musste ich aber nicht von dem was wir scheinbar teilten, von hier aus zurückgehen? Wie komme ich an diesen Punkt zurück?

Klärt sich unsere Beziehung für mich zwangsläufig erst durch seinen Tod, durch diesen Nullpunkt, auf den er mich heruntersetzt? Jetzt, nach seinem Tod, entstand die Frage nach unserem Verhältnis unmittelbar, auf eine neue Weise, mit der jüngeren Vergangenheit im Rücken, die doch längst meine Eigenständigkeit erwiesen hatte, was letztlich, denke ich, auch im Buch klar wurde. Was haben wir aber bis zuletzt geteilt? Wo nahm dieses Teilen seinen Ausgang?

ABSCHIED VOM VATER I

Am 13. Januar 2020 um 23:19 Uhr war er laut Sterbeurkunde gestorben. Zwölf Tage vorher hatte ich ihn angerufen, um ihm ein gutes neues Jahr zu wünschen. Danach haben wir uns mehrmals verpasst, oder es war gerade ungünstig, weil er auf dem Weg zur Dialyse war. Ich war mit der Fertigstellung des Buches sehr beschäftigt und „auch nicht der große Telefonierer", wie ich mich noch im letzten Kontakt zu entschuldigen versuchte.

Tatsächlich war es zuletzt schwierig, mit ihm zu telefonieren, weil er einen häufig vor den Kopf stieß, die Frage, wie es ihm ginge, die doch am Ende immer zentralere Bedeutung bekam, barsch abwehrte, ich glaube, weil er sich gegen diese Reduzierung seiner Situation auf die Krankheit stemmte. „Wie soll es mir denn gehen, schlecht!" hat er dann ins Telefon geraunt in dem Sinne, *haben wir uns denn nichts Andres mehr zu sagen*?

Der Anruf mit der Nachricht von seinem Tod kam an eben jenem 13. Januar gegen 23:30 Uhr. Er veränderte so plötzlich so unendlich vieles.

Ich lag die ganze Nacht über wach. Da liefen Filme ab, ohne dass ich schon verstanden hätte, was passiert war und welche auch ganz pragmatischen Konsequenzen das hatte. Das habe ich mich aus irgendeinem Grund sehr schnell gefragt. Da war Wies, die beiden Häuser, die Schulden, die Mutter und die Schwestern, alles, was jetzt noch Familie war und das dumpfe Bewusstsein, dass dieser Familie jetzt etwas Entscheidendes fehlte.

In mir breitete sich eine Leere aus, in der punktuelle Erinnerungen an ihn, den Vater, ganz lebendig aufschienen und wieder verschwanden. Sie tauchten im Halbschlaf auf wie aus trübem, tiefem Wasser.

Ich war wohl doch immer wieder für einen Moment weggedämmert. Meine Gedanken vermischt mit den Erinnerungen, die nun herandrängten. Sie waren in ihrer Fülle nicht festzuhalten. Es machte sich ein Gefühl breit, das ich nicht kannte. Und dann wieder ganz konkrete Wachfragen: Was würde morgen sein? Musste ich hinfahren, morgen schon? Was war jetzt, ganz direkt zu tun? Ich hatte nie darüber nachgedacht, was in dem Moment, der nun eingetreten war, zu tun sein würde. Natürlich hatte ich mich in den letzten Jahren und besonders im letzten halben Jahr immer wieder mit dem Gedanken beschäftigt, dass es irgendwann so weit sein würde, dass es eine Zeit nach seinem Tod geben würde, auch dass die Eltern irgendwann, beide, nicht mehr da wären. Wie würde sich das anfühlen, hatte ich mich gefragt. Man kann Gefühle nicht vorwegnehmen, wie man sich Geschichten ausdenken kann. Jetzt weiß ich nicht, was ich fühle. Es ist nicht wirklich Leere, sondern ein Fehlen. Es fehlt plötzlich etwas, das für mein Koordinatensystem doch zweifellos zentral wichtig war. Durch die Leerstelle steht noch viel mehr, was mich bewegt und bestimmt in Frage. Das fühle ich jetzt. Die Gedanken klar zu fassen, dafür ist es wohl auch im wachen Zustand, auch jetzt noch, wie ich feststellen muss, lange danach, zu früh.

Ich bin alleine hingefahren, nach Wies, einen Monat nach seinem Tod. An dem Wochenende unmittelbar nach der Buchpräsentation. Ich kehrte an den Ort zurück, wo er noch vor einem halben Jahr gelebt hatte, wo wir uns zuletzt begegnet waren. Im Buch hatte ich mich natürlich intensiv auch und gerade mit ihm und unserer Begegnung in der Vergangenheit beschäftigt. Es ging eigentlich um mich, doch er war zu der Zeit für mein Selbstverständnis zentral. Das war mir natürlich klar. Wollte ich womöglich von Anfang an mit dem Buch vor allem ihm etwas sagen?

Ich glaube, er hat es so verstanden, so etwas vermutet oder befürchtet, als ich ihm bei einer unserer letzten Begegnungen das erste Mal von dem Buch und worum es darin ging, erzählte. Er war misstrauisch, das war unmittelbar zu spüren. Würde in dem Buch eine Abrechnung mit ihm stattfinden? Warum hatte er Angst, dass es mir darum gehen könnte? Er hat plötzlich begonnen von Kafka zu sprechen, über die *Briefe an den Vater*. Er hat aber nicht konkret von seiner Befürchtung gesprochen. Es ging mit einem Mal um das Vater-Sohn-Verhältnis, das zwischen uns so explizit nie Thema war. Vielleicht daher seine Befürchtung, weil ich es doch offenbar, wie meinen ersten Andeutungen wohl zu entnehmen war, auch im Buch thematisierte. Warum haben wir nie direkt darüber gesprochen oder sogar vermieden es zu tun? Wir haben es auch jetzt wieder nur in Andeutungen getan, beinahe verschämt, ungelenk, letztlich abstrakt. Wieder indirekt. Nachdem ich zunächst nur *über* das Buch gesprochen hatte, habe ich ihm vorgelesen, ich glaube, um ihn zu beruhigen, um ihm eine Brücke zu bauen, vor allem die Stellen wo unser Verhältnis und vor allem die Themen, die uns beide beschäftigten, uns verbanden, zur Sprache kommen. Und ich habe ihn gefragt – um Erinnerungen wachzurufen, Dinge zu klären, die in meiner Erinnerung unklar waren, versucht auch Zusammenhänge seiner Geschichte, die doch auch irgendwie meine ist, zu meiner Vorgeschichte gehört, zu erfahren.

Er war schon schwach. Vor allem seine Krebserkrankung nach der zumindest räumlichen Trennung der Eltern hatte ihn in den letzten Jahren gezeichnet – und nun noch die weiteren körperlichen Veränderungen. Er konnte seine Hände kaum mehr bewegen. Der Körper versagte, die Muskulatur schwand. Die Harnwerte im Blut deuteten auf die Nieren. Sie verschlechterten sich.

Trotz der schwindenden Kräfte hat er aber nachgehakt, hat versucht darzulegen, was er über dieses Kafka'sche Ansinnen denkt. Damit hatte er sich zuletzt wiederholt beschäftigt. Hat auch vom Verhältnis zu seinem Vater gesprochen. Ihn hat er für vieles kritisiert, aber auch anderes wiederum, vor allem jetzt im Alter, im Nachhinein, an ihm geschätzt. Projizierte er die Erinnerung an sein Verhältnis zu seinem Vater bis ins späte Erwachsenenalter auf uns? Kam daher sein Misstrauen? Weil er nur zu gut wusste, wie er sich selbst in meinem Alter von seinem Vater abgrenzte. Am Ende kam er zu dem Punkt, dass die Eltern keine Chance hätten, in dem Verhältnis, das von Anfang an asymmetrisch ist und irgendwann zugunsten der Jungen kippt. Die Kinder säßen am Ende am längeren Hebel. Und er hat wohl gespürt, dass er nicht mehr in der Lage sein würde, etwas zu erwidern, dass sich unser Verhältnis längst zu meinen Gunsten gewendet hatte. – Da war eine Resignation und immer noch diese Konkurrenz.

Ja, ich habe die Auseinandersetzung mit ihm immer gemieden. Auch im Buch habe ich unser Verhältnis nicht wirklich thematisiert. War er zu wichtig für mich? Hätte ich damit etwas auf Spiel setzen können? Warum hatte ich davor Angst, immer Angst vor einem Bruch? Hat er mich spüren lassen, dass so etwas passieren konnte, weil er auch Angst davor hatte? Hatte ich Angst vor Liebesentzug? Nein, seiner Liebe war ich mir sicher. Aber war diese Liebe nicht auch Maßstab für die Tiefe eines möglichen Bruchs. Ich wusste, dass er nachtragend sein konnte. Und sein Misstrauen war grenzenlos. Gerade gegenüber mir?

Habe ich auf ihn Rücksicht genommen, deshalb nicht mit ihm gestritten, wollte ihm keinen Anlass für Befürchtungen geben? War ich seit je eigentlich in der Position des Stärkeren? Ich wusste natürlich, dass ich eigentlich rein zeitlich am längeren Hebel saß. Irgendwann habe ich seine Schwächen wahrgenommen. Der doch immer von Energie strotzte. Wollte *ich* den starken Vater? Was steckt hinter unserer Beziehung, die ich so von Freunden zu ihren Vätern nicht kenne? Wir hatten gleichermaßen Angst vor einem Verlust. Waren wir uns des anderen nie sicher? Jetzt besteht der Verlust, für mich, aber es ist anders als hätten wir uns entzweit. Wie lässt sich dieser Verlust überhaupt beschreiben? Ich habe das Gefühl als würde ich vor Erinnerung an ihn bersten, hätte ihn jetzt noch viel stärker in mir, muss auch einfach deshalb wieder schreiben, um damit umzugehen, zurande zu kommen.

Alles war im großen Haus noch so, wie er es im Spätsommer zurückgelassen hatte, um wegen der nun sehr schlechten Nierenwerte nach München zu fahren in die seit Jahrzehnten bestehende Wohnung der Familie, in der er keinen Ort mehr für sich fand, um sich in ärztliche Behandlung zu begeben. Er hatte in Wies nur das Nötigste versorgt, in dem Glauben und wohl in der Hoffnung, bald wieder zurück zu sein. Einmal war ich hier gewesen, Ende September, um nach dem Rechten zu sehen. Ein zweites Mal mit S. am letzten Oktoberwochenende, kurz vor seinem Geburtstag, zu dem wir anschließend nach München fuhren. Er war inzwischen in verschiedenen Kliniken gewesen und die Aussicht, dass er bald wieder hier sein könnte, war geschwunden. Sein Zustand verschlechterte sich zusehends. Er wollte seinen Geburtstag nicht feiern. Gab es für ihn längst nichts mehr zu feiern? Fühlte er sich von außen dazu gedrängt und damit fremdbestimmt? Das war das Schlimmste. Wir, die engere Familie, saßen jetzt zusammen in der Küche. Meine Mutter war einige Tage vorher aus Griechenland gekommen. Wir hatten Torte mitgebracht, was er beinahe widerwillig registrierte. Er saß auf dem Stuhl, von dem er tagsüber wohl kaum noch aufstand. Seine Augen traten jetzt, wie zuletzt immer in ähnlichen Situationen, in denen er sich übergangen fühlte, ohne sich noch wehren zu können, man seiner Ansicht nach über ihn bestimmte, auf eigenartige Weise hervor und signalisierten ein tiefes Misstrauen gegen alle.

Die körperliche Schwäche und jetzt noch die Abhängigkeit von Apparaten hasste er, weil sie ihm die Selbstbestimmtheit nahmen.

Im September war ich zum ersten Mal seit Jahren allein in Wies gewesen. Ich hatte in der Küche das Ticken des Batteriewekkers mit dem Mobiltelefon aufgenommen. Die Leere mit all dem überstürzt Zurückgelassenen war gespenstisch. Alles sprach von ihm, die Dinge in der Küche, im Bad und dem großen, hohen Raum im ersten Stock, seinem Atelier, in dem er auch schlief verwiesen auf die Struktur seiner Tage. In den großen Räumen und der Fülle der Dinge war sein Bewegungsradius eingeschrieben, der immer kleiner geworden war. Die eingelagerten Bestandteile seiner großen künstlerischen Installationen erinnerten an seine einstmalige Kraft. Jetzt war er nicht mehr da und durch die unüberschaubare Ansammlung von Dingen aus einer großen Zeitspanne seines Lebens war die empfundene Leere umso eindringlicher und größer.

Er war doch immer hier, wenn ich ihn in den letzten Jahren, immer allein, besuchen kam, wie er in mein Leben gehörte. Hier, das gab es nie ohne ihn. Wir haben immer genau hier an dem Tisch in der Küche gemeinsam gesessen und haben über vieles gesprochen, was für uns im engeren oder weiteren Sinn mit Kunst zu tun hatte, auch über Politik – und manchmal über Fußball. Stundenlang. Vor allem abends. Dann haben wir, nachdem wir etwas gegessen hatten, noch weiter getrunken, manchmal erst Bier, dann Wein. Oft ist er dann während des Gesprächs eingeschlafen. Dann saß er da und ich habe ihn, durch sein Wegnicken plötzlich alleingelassen, für einen Moment nur angesehen. Wer war er? Für mich, *mein Vater*. Die irre Vorstellung, dass er es *nicht* sein könnte. Was hatte ich von ihm? Waren wir uns in irgendeiner Hinsicht ähnlich?

Kurz darauf habe ich ihn geweckt, um mich für heute zu verabschieden: „Papa, ich gehe dann mal rüber." Er schreckte dann sehr schnell hoch, war plötzlich wieder ganz da, wir brachen unser Gespräch ab, verabschiedeten uns und wünschten uns eine gute Nacht.

Ich schlief immer im kleinen *Häusel*, wenn ich ihn besuchte. Auch wenn wir die wenigen Tage von früh bis spät gemeinsam verbrachten, oder gerade deshalb, brauchte er seinen und auch ich meinen Rückzugsbereich. Wenn wir uns am Tisch gegenübersaßen, jeder an einer Stirnseite, und uns unterhielten, bot vieles Anlass uns auszutauschen über das, was uns gerade beschäftigte. Lagen unsere Welten auch rein räumlich weit auseinander – er kannte meine kaum – so bestand doch diese enge Verbundenheit und Kontinuität aufgrund von irgendetwas, was wir, das wurde mir jetzt deutlich, solange ich denken kann teilten. Was war es? Es gab immer irgendeinen Anknüpfungspunkt und da war ein gegenseitiges Interesse an dem Anderen und an dem, wie der die Dinge sah. Ging diese Bezugnahme, diese Art des Gesprächs ursprünglich von ihm aus? Er fragte nie direkt nach meiner Arbeit. Weil er Angst hatte vor der Konkurrenz, weil ich im fernen Frankfurt, etwas tun könnte, was ihn in den Augen der Gesellschaft übertraf? Hatte ich deshalb durch meinen Weggang die Distanz zwischen uns hergestellt? Das dachte er wohl. Ja, ich bin ihm damit vielleicht tatsächlich ein Stück aus dem Weg gegangen, aber um ihm nicht in die Quere zu kommen, um den Konflikt, der sonst wohl unweigerlich irgendwann aufgebrochen wäre, aus dem Weg zu gehen, ihn zu vermeiden.

Was die anderen sagen, war im katholischen Kontext, in den er sein Leben lang gehörte, wichtig. Also, dass ich ihn etwa überflügelte. So durfte ich im Beisein seiner Kollegen nie äußern, was ich machte, oder die Frage, ob ich auch Kunst machen wolle wurde von ihm unterdrückt oder überspielt, wenn sie von ihnen kam.

Wir hatten sehr früh, durch ihn, diesen gemeinsamen *Gegenstand*, machte ich ihm aber und gerade dadurch, vor allem in der Gegenwart anderer, sein Terrain streitig?

Unsere Gespräche nur zu zweit waren intensiv. Es ging um die Art und Weise, wie man sich zu den Dingen verhält, sich ihnen nähert und über sie denkt. Wichtiger als sich über das auszutauschen, woran wir gerade arbeiteten, waren die Fragen, die uns verbanden, der größere Zusammenhang. Letztlich ging es ihm immer um eine *Haltung*, die er zu vermitteln versuchte.

Zuletzt erwähnte er immer wieder ein Gespräch auf einer gemeinsamen Autofahrt nach München oder von München aufs Land als ich noch Kind war. Er fragte mich wohl nach der Bedeutung und Funktion bestimmter alltäglicher Gebrauchsgegenstände. Ich konnte mich natürlich an das Gespräch nicht erinnern. „Wofür ist der Hammer?", hatte er vielleicht begonnen zu fragen und es folgten noch eine ganze Liste derartiger Fragen. So oder auf ähnliche Weise kamen wir, daran erinnerte ich mich wohl, auf solchen Fahrten, die durch unser Pendeln zwischen Stadt und Land immer wieder vorkamen, ins Gespräch. Am Ende hätte er mich gefragt: „Und wozu ist Gott?" Und ich hätte dann geantwortet: „Gott zweckt nicht." Ihn faszinierte die Antwort des Kindes. Ich erinnere mich nicht, aber mir sagt seine Erinnerung und Schilderung viel über die Ernsthaftigkeit und seine Zugewandtheit in der Begegnung mit dem Kind. Jetzt erinnert sie mich auch an den Ton in unserer Beziehung bis zum Schluss.

In welcher Verbindung sah er die Zweckfreiheit, um die es ihm und in Fragen der Kunst natürlich immer ging, zum Schluss? Am Ende ging es nicht mehr nur um Kunst. Bestand da, jetzt, eine neuerliche Wendung auf Gott? Hat er deshalb das Gespräch zuletzt immer wieder erwähnt?

Wir erfahren vom ersten Moment die Zuneigung und Liebe der Eltern. Wann und wie erwidern wir sie? Das Verhältnis zu den Eltern besteht von Anfang an in dieser Asymmetrie. Wissen sie mehr über uns als wir über sie? Nein, sie wissen so wenig über uns, wie wir über sie, weil wir von Anfang an, wie sie, dieses Ich in uns tragen, zu dem nur wir Zugang haben. Vom andern wissen wir immer so viel weniger. Und dennoch haben sie eine Wahrnehmung von außen und ein Bewusstsein von Dingen, an die wir keine Erinnerung haben, von einer Zeit, in der wir selbst noch kein selbstbezogenes Bewusstsein hatten oder die Dinge noch sehr weitgehend nicht überblicken und auf ihre Hilfe und ihren Schutz angewiesen waren. Und sie haben uns, gewollt oder ungewollt, in eine Richtung gelenkt. Uns auf irgendeine Weise von Anfang an vermittelt, was sie in uns gesehen haben. Wie finden wir aufgrund dieser Tatsachen zu uns selbst. Das war letztlich das zentrale Thema meines Buches. In dieser Frage bestand seine Dringlichkeit. Die

Frage nach dem Ich. Sie hat mich während des Schreibens an all die Orte zurückgebracht, an denen ich, oder was ich aus ihnen gemacht habe, meine Erinnerungen festgemacht habe. Gibt es eine Verbindung zwischen dem Ich und den Orten? Und was sind sie jeweils für die Anderen, mit denen wir sie teilen? An welchem Punkt begegneten wir uns, der Vater und ich, hier, in Wies, zuletzt?

Es war ein schöner Herbst. Der späte Abend begrüßte mich mit einem fantastischen Sternenhimmel. Er war in München, ich jetzt hier. Ich richtete mich für die wenigen Tage in seiner Abwesenheit ein, habe sie auch genossen. Jetzt war ich völlig frei, mich hier zu bewegen, konnte mir alle Zeit nehmen, die Dinge auf mich wirken lassen. War mir jetzt etwas von einer Hypothek genommen? War hier schon etwas von dem Empfinden, das mich seit seinem Tod begleitet?

Ich sollte auf dem Rückweg, den ich über München machen wollte, einiges mitbringen, was er mir am Telefon durchgegeben und ich mir in einer Liste notiert hatte. Ich suchte diese Dinge zusammen und ließ meine Blicke durch die offenen, vollgestellten Räume wandern, in denen er lebte und immer noch gearbeitet hatte. Beides, Leben und Arbeit, war für ihn nie getrennt. Bis auf Küche, Bad und den oberen großen Raum waren die Räume nie unterteilt worden. Das ganze große Haus war ein Zwischending aus Wohnung, Werkstatt und Lager.

Noch war er erst vorübergehend weg. Ich ging auch wieder rüber ins *Häusel*, um dort zu schlafen. Das große Haus war weiterhin sein Terrain.

Doch die Frage, ob er jemals zurückkehren würde, breitete sich schon im Hintergrund aus. – Und auch eben, was wohl wäre, wenn er eines Tages nicht mehr da ist?

Jetzt weiß ich, dass er nicht mehr zurückkehrte.

Jetzt ist es also so. Er ist nicht mehr da.

Er hat sich immer gefreut, wenn ich ihn alle paar Monate besuchte, „der Pez", sagte er nur knapp aber in liebevollem Ton, wenn ich durch die Tür vom Flur, die Haustür war nie verschlossen, die Küche betrat. Meine Ankunft hatte er durch das Herannahen des Autos und dann das Verstummen des Motors schon vernommen. Er nannte mich zum Gruß einfach mit dem Namen, den er für mich hatte. Zuletzt blieb er auf seinem Stuhl sitzen. Wenn ich mich dann zur Begrüßung für eine kurze Umarmung zu ihm hinunterbeugte, erwiderte er diese nicht. Aber in seiner Stimme und seinen Augen lag – im Alter war er in unserer Begegnung auch weicher geworden – eine große Wärme.

Daran erinnerte ich mich, als ich an gleicher Stelle die Kerze in dem geschwungenen Messingleuchter auf dem Tisch, die er immer brennen hatte, entzündete. Er mochte Kerzen, das sanfte, warme Licht, das von ihnen ausging.

Jetzt war er doch wieder da und ich empfand sie wieder, die Stimmung unserer Begegnungen. Die Fülle der Erinnerungen, die gar nicht in einem bestimmten Datum bestehen, die immer gleiche Beziehung, ob als Kind, Jugendlicher oder Erwachsener war plötzlich in einer Totale präsent. Die

Ernsthaftigkeit und seine Zuneigung, die ich spürte. Seine Form, seine Liebe auszudrücken. Er war plötzlich in mir.

> Ich habe unendliche Erinnerungen an Dich.
> Ich trage unendlich viel von Dir in mir.
> Du hast nie Dich in mir gesehen,
> sondern was Du nicht warst.
> Dafür danke ich Dir.

Diesen kleinen Text habe ich für die Trauerkarte formuliert und habe damit natürlich für mich gesprochen, über die besondere Beziehung zwischen Vater und Sohn, wollte aber nicht nur für mich sprechen, weil er, ich glaube, auf diese Weise – mit Neugier, aber gleichzeitig das Terrain des anderen wahrend – nicht nur mir begegnete.

Vor allem in „Du hast nie Dich in mir gesehen, sondern was Du nicht warst" wollte ich sein grundsätzliches Interesse am anderen ausdrücken, das leider in letzter Zeit in seiner Konzentration auf sich selbst und durch den Kampf mit der Krankheit nachließ. Ich wollte es wieder in Erinnerung rufen. Die große Zahl seiner ehemaligen Studierenden aus allen Generationen, die zur Beerdigung kamen, sprach davon. Sie berichteten davon, was er in ihnen von dem was in ihnen lag, weckte und dadurch schenkte.

Ganz vorne findet sich eine Abbildung eines frühen Bronzereliefs meines Vaters, aus der Zeit, in der er nach dem Studium seine Lehrertätigkeit, zuerst an der Schule, aufnahm. Sein Vater hatte ihn aus seiner kleinbürgerlichen Einstellung heraus, dazu gedrängt, dass, wenn er schon Kunst studieren wolle, für ihn eine brotlose Angelegenheit, er doch wenigstens in den Schuldienst gehen solle. Dahinter steckte natürlich die Sorge seines Vaters. Und er hat sich überreden lassen, hat daraufhin immer mit dieser Entscheidung und der Tatsache dieser Beeinflussung gehadert, wohl auch daher die Rolle des Lehrers und dann auch Vaters umso ernster genommen.

Das Relief steht, so denke ich, für das Problem, das er mit der Lehrer- und auch Vaterrolle immer hatte. Diese kleine Arbeit hat ihn ganz zuletzt noch einmal sehr beschäftigt. Auf seinen Wunsch, den er zum Ende, als er schon wusste, dass er nicht mehr viel Zeit haben würde, äußerte, wurde eine Abbildung des Reliefs das Motiv der Trauerkarte.

So viele Väter suchen in ihren Söhnen sich. Er hat das nie getan. Und er machte zumindest oberflächlich oder in seinem Zugang auch zwischen Sohn und Schülern keinen Unterschied. So war er auch für viele von ihnen wie ein Vater – ihnen gegenüber fiel ihm das letztlich sogar leichter – und ich fand ihn in ihren Erzählungen neu.

Wie sahen seine Tage aus zuletzt, hier? Saß er allein am Tisch, oder, was wir zuletzt auch im Sommer oft gemeinsam taten, auf der Bank vor dem Haus? Er kreiste intensiv um seine Fragen, das wurde deutlich, wenn wir sprachen, hier oder am Telefon, holte wohl immer wieder ältere Arbeiten hervor, machte sich neue Gedanken und verstand zum Teil jetzt erst, aus der zeitlichen Distanz, worum es hier in den Arbeiten doch eigentlich ging, ihn immer noch umtrieb, ihm damals entgangen war, ihm erst durch ein langes Leben klar wurde. So äußerte er sich. Entfernte er sich jetzt schon von sich? Bedeutet es, wenn man den Fokus der Betrachtung auf sich selbst richtet immer ein Sichentfernen? Dann wäre, paradox, das an mich Erinnern um mich wiederzufinden ein mich von mir Entfernen. Das würde erklären, warum ich mit meiner Geschichte gleichzeitig zu mir eine Distanz aufbaue. Muss ich das am Ende, um mich mitzuteilen? Funktioniert so Sprache? (Ist der Fokus der Betrachtung immer erst auf einen selbst gerichtet, wenn man sich von sich entfernt?) Er rekapitulierte, sammelte sich dabei, schloss etwas ab – tat dies schon seit geraumer Zeit. Es war schon so etwas wie ein Sichentfernen, es ist wohl gleichermaßen erneute Selbstaneignung und Abschied. Ist es nicht das, was ich auch in meinem Buch getan habe? In *Ent-fernen* klingt beides, das Sichwegbewegen und das Sichannähern, die Überwindung der eigenen Ferne, der eigenen Fremdheit. Jetzt tue ich es wieder, indem ich ihn in mir suche.

Die Leute, der große Bauer aus der Nachbarschaft, der Postbote, der Kaminkehrer, einer, der zugezogen war und in der Nähe hinter dem Hügel in der Senke in einem kleinen Häuschen, seinem Alterssitz, wohnte und regelmäßig mit seinem Moped vorbeikam. Sie setzten sich oft zu ihm auf seine Bank, letzterer immer für die Länge einer Zigarette, und er redete mit ihnen. Er versuchte auch in diesen Situationen etwas zu vermitteln, aus seiner Perspektive, dass die Dinge sehr unterschiedlich gesehen werden konnten, kam dann auch auf politische Themen, obwohl oder weil er wusste, dass sie nicht seiner Meinung waren. In ihrem Verständnis verdrehte er die Dinge. Er sprach mit ihnen wie mit mir, über die gleichen Fragen, wie er es mit allen immer tat. Dann erntete er bei ihnen oft Unverständnis. „Was du dir für Gedanken machst, das verstehen wir nicht." Doch sie alle schätzten ihn, weil er sie zuallererst ernst nahm, sie mit seinen Gedanken, anderen Sichtweisen konfrontierte und sie dabei anhörte. Ja sie verstanden ihn wohl nicht. Dennoch respektierten sie ihn, schätzten ihn hoch, den ehemaligen Professor aus München. „Unser Professor", das war jetzt *ihr* Titel für ihn. Eine eigentümliche Mischung aus Anerkennung einer Autorität, die man nicht einzuschätzen wusste, Aneignung oder Entschärfung des Fremden schwang darin mit – oder nur ein Gewährenlassen? Sie sahen nach ihm, suchten, auch wenn sie nur vorbeifuhren, mit dem Auto oder Traktor, nach Anzeichen, die ihnen sagten, dass alles in Ordnung wäre, grüßten von weitem, wenn sie ihn zu Gesicht bekamen.

Ich habe sein Auto in Gang gesetzt, im Herbst, um es über den Tüv zu bringen. Die Batterie musste über Nacht aufgeladen werden. Er war schon lange weg und insgesamt zuletzt zu wenig mit dem Auto gefahren. Es war bereits unwahrscheinlich, dass er wieder zurückkehren würde. Ich habe sie einzeln nacheinander aufgesucht, diejenigen, die immer nach ihm gesehen hatten und jetzt auf Nachricht warteten, was mit ihm sei, bin aber auch einfach planlos in der Gegend herumgefahren. Nein, es ging nicht darum, die Batterie weiter aufzuladen. Ich steuerte Orte an, ließ die fast vergessene und doch vertraute und irgendwie auch vermisste Landschaft an mir vorüberziehen. Wie lange habe ich hier gelebt? Ortsnamen, die ich jetzt zum Teil erst wieder erinnerte, die in den engeren und weiteren Umkreis gehörten, auf den orangen Wegweisern, Entfernungen, bin eingekehrt beim Bauern, der die Pacht für unsere Wiese hat, saß dort in der Stube, wurde direkt zum Mitessen eingeladen und spürte plötzlich meine neue Rolle. Sie wurde mir nun von ihnen zugewiesen, so wie es immer war. Ich war jetzt der Nachfolger. Ob die Pacht weiter bestünde. Ob wir etwa vorhätten zu verkaufen (nachdem der Vater schon seit Jahren allein hier gewesen wäre). Das waren ihre Fragen. Andere Dinge waren fraglos. Ein Wort galt, man kümmerte sich. Wie sahen sie mich im Unterschied zu ihm. Er war letztlich einer von ihnen. Ich kam aus Frankfurt angereist und war auch früher schon, durch meine Mutter, die am Ende des Krieges mit ihrer Familie, wie ich im Buch beschrieben hatte, aus dem Norden nach Bayern geflüchtet war, fremd.

Sie konnten sich wohl nicht vorstellen, dass das mit mir und uns, der Familie, hier eine Zukunft haben würde. Ich wusste es auch nicht.

In den beiden Häusern erinnerte alles an unsere gemeinsamen Bauarbeiten, jedes Detail. Alles war präsent, unser Verhältnis zueinander, wie es sich anfühlte, wenn wir auf der Baustelle gemeinsam die Tage zubrachten. Das Ergebnis stand letztlich für das, was zwischen uns geschehen war, es schuf eine Verbindung, der wir uns, ich glaube, beide nie sicher waren. Die Verbindung musste sich immer materialisieren, nur so konnte sie irgendwie gesichert werden. So empfand ich es. Oder war dies nur Ergebnis seiner Zurückhaltung mich zu beeinflussen, seines Interesses an dem Fremden in mir? Was wussten wir vom andern? Wir kannten nur die jeweilige Seite, die wir uns gegenseitig, während des gemeinsamen Tuns zuwandten.

Unsere Beziehung, die sich hier und in den Begegnungen der letzten Jahre ausdrückte, sie steckte überall.

Mit ihr war ich nun allein, als die eine ihrer beiden Hälften. Und doch war in mir noch viel mehr von ihr. Was fehlte war nur er.

Damit war er jetzt aber wiederum auch da, präsent, in diesem Fehlen, und das war es, wonach ich suchte, als ich in München an seiner letzten Aufbettung stand und ihn nicht erreichte. Da lag er wie ein König, der am Bett Hof hielt, im innersten seines privaten Bereiches, öffentlich ist. Hier gab es keine Intimität. Er war plötzlich ein anderer, oder war er das, nun ganz bei sich und nur für sich, der sich zuletzt von allen entfernte, sich in sich zurückzog? Habe ich ihn so gar nicht gekannt, als der, der er nicht für mich und jenseits unserer Beziehung, aus den Zusammenhängen gerissen, war? Natürlich nicht. „Ich komm dich wieder in Wies besuchen", habe ich leise, als ich ging, zu ihm und doch vor mich hin, also zu mir gesagt. Dabei brach mir die innere Stimme.

In München war alles anders gewesen. Die Stadt war immer anders, früher schon, mir eigentlich fremd. Hier war er einfach tot. Diverse Formalitäten mussten geregelt werden, die Beerdigung vorbereitet, Trauerkarten gedruckt und das alles in einem Tempo, das mir keine Zeit ließ – um zu begreifen, um zu trauern? Was ich hier von ihm vorfand, roch nach einem zwischen Bett, Küche, Badezimmer, Kliniken und Dialysezentrum in die Enge Getriebenen, eingesperrt in die Abhängigkeit von Apparaten, in der Bewältigung von Symptomen und körperlichen Verfallsprozessen. Das war sein letztes halbes Jahr. Hier war er schon ein Fremder, in den Koordinaten der apparategestützten Bearbeitung seiner rein körperlichen Situation, die sich um ihn zusammenschnürten. Von seinen Dingen, in denen er behaust war, abgenabelt. Er wollte sich natürlich mit all dem nicht abfinden, schlug emotional um sich, ließ niemanden aus der Familie mehr in seine Nähe. „Ich erkenne ihn nicht wieder". So die Äußerungen meiner Mutter, die kurzfristig aus Griechenland, wo sie den größten Teil des Jahres lebt, angereist war, und meiner Schwestern in der letzten Phase. Wir wissen nicht, was in dieser Zeit mit ihm passierte. Was ging in ihm vor? Nichts mehr von dem was ihn beschäftigte hatte er um sich. Ich sollte ihm immer wieder Dinge, die er vermisste, auch kleinere Arbeiten, aus Wies mitbringen. Was können wir wissen von ihm in der Zeit, in der er sich immer weiter in sich zurückzog? Um sich auf was vorzubereiten? Natürlich hatte er selbst keine Vorstellung davon. Es ging um sein Ende und es fehlten ihm Zeit und Kraft. Er spürte, dass er etwas zu Ende bringen musste, konnte es aber nicht mehr so tun, wie er dachte es tun zu müssen, wie er es zu Ende bringen wollte. Das war seine Verzweiflung. Wie bringt man sein Leben zu Ende? Man will das ja nicht.

Meine Mutter und meine ältere Schwester vertraten immer wieder den Standpunkt, dass die Beerdigung, die Form, seiner gesellschaftlichen Rolle als ehemaliger Professor der Akademie gerecht werden müsste. Ich konnte zu diesem Gedanken keine Beziehung entwickeln. Natürlich mussten bestimmte Leute eingeladen werden. Schließlich habe ich das dann auch übernommen. Auch der aktuelle Präsident der Akademie sollte sprechen. Ein offizieller Akt, der war unvermeidlich. Professor war man auf Lebenszeit. Es gab ein Protokoll.

Die Frage der Form war für ihn wichtig, wenn nicht zentral. Dabei ging es ihm aber darum, immer wieder eine neue zu finden, in der etwas tatsächlich in seiner Aktualität zum Ausdruck kommt, um den Versuch etwas zu fassen – am Ende um eine eigene Form, für jeden Einzelnen, ein Verhältnis zu den Dingen zu entwickeln? Ich habe ihn so verstanden. Diese Maßgabe wurde für mich auch im Buch zum Horizont. Wie konnte ich mich ab- und eingrenzen, wie bekam ich mich zu fassen? Welche Form gab es (für mich) dafür? Jetzt schreiben, ein Buch?

Für ihn ging es gleichzeitig immer um eine Form für die Gemeinschaft. Dabei gab es kein gültiges, überkommenes Ritual. Kein Weihnachten war in meiner Kindheit, zumindest was seinen Beitrag betraf, wie das andere. Seine (oder manchmal unsere gemeinsamen) ungewöhnlichen Krippen und Weihnachtsbäume waren immer wieder der Versuch einer Interpretation, ein künstlerischer Versuch einer Antwort auf die Frage, was dieses Fest bedeutete, für uns noch bedeuten konnte. Dieses Fragen und diese Suche nach einer Form übertrug er auf mich. Die Form war also der Modus der

Beschäftigung mit den Dingen angesichts und hinsichtlich der Frage ihrer Aktualität. Damit hatte die Form immer zu tun mit einem selbst *und* der Gemeinschaft.

Die Gemeinschaft betreffend war er immer der Zeremonienmeister. Ich habe dieses Talent nicht. Das war das Schauspielerische in ihm, das Auftreten. Vieles auch in seinen Arbeiten hatte diese performative Dimension. Er sprach dann vom „Aufführungscharakter" bestimmter Arbeiten. Er konnte, was mir so schwerfiel. Im Zentrum stehen. Dabei hat er aber eigentlich dieses Schauspielerische an sich gehasst. Das Oberflächliche, das Gespielte, das Geschminkte, das immer dem Klischee folgte und damit nichts mit der Form zu tun hatte, die immer erst zu finden war. Für ihn ging es aber eben andererseits immer um den Akt, das Handeln und dabei das Zeigen. Als Kind faszinierte ihn das kirchliche Zeremoniell, die Requisiten der Heiligen Messe, die hatte er als Spielzeug au Miniatur, aus Zinn gegossen. *Monstrare*, die Monstranz hatte mit dem Zeigen zu tun. War das auch sein Bezug zur Rolle des Lehrers, die er immer gespielt hat, auch wenn er ihr immer skeptisch gegenüberstand?

Die Gemeinschaft war ihm wichtig und es ging immer darum, dafür eine Grundlage zu schaffen, für eine Kommunikation, und diese Funktion hatte die Kunst, war ein wichtiger Aspekt an ihr. Das Kunstwerk war etwas Stiftendes. Wie die beiden Häuser zuletzt in Wies, in denen einmal die Familie leben sollte, mit denen er aber nie fertig wurde und schließlich allein blieb. Welche Hoffnung setzte er in die Familie? Wusste er nicht, dass jeder am Ende nur seinen eigenen Weg gehen konnte? War das nicht auch gerade seine Überzeugung? Und was hat ihn gehindert, einfach seinen, kompromisslos als Künstler, so wie er es sich vielleicht einmal vorgestellt hatte, zu gehen? Schreckte er davor zurück, vor der besonderen Einsamkeit dieses Weges, der er am Ende doch zu begegnen hatte? War die Familie und das ständige und immer weiter Bauen eine Flucht? Die Idee der Familie und die Orte und Häuser, die er zuletzt in der Partnerschaft mit mir schuf, immer eine Flucht vor diesem Weg? An dessen Nichtzuendebringen können und der Enttäuschung über die Familie er am Ende verzweifelte. Wollte ich diesen Aspekt, des Schaffens einer realen Grundlage für eine Kommunikation, durch mein Weggehen nach außen tragen. Was enttäuschte ihn an der Familie, dass sie ihn tatsächlich allein ließ auf seinem Weg, aus den Koordinaten ausbrach, die er immer für sie abgesteckt hatte? Er wollte, dass wir unseren Weg, jeder für sich, finden, aber er wollte uns nicht gehen lassen. Er liebte uns.

Er brauchte die anderen. In bestimmten Konstellationen testete er aus, wie weit er gehen konnte, ohne sie zu verlieren, stieß, gerade die ihm am nächsten standen, zuletzt immer wieder vor den Kopf.

Ist die Abhängigkeit eine Erniedrigung und war die Aggression die er zuletzt entwickelte eigentlich gegen sich selbst gerichtet? Schließlich ging es ihm immer um seine Autonomie als Künstler. Vor allem in Bezug auf die weiblichen Bezugspersonen in seinem Leben hat er bis zuletzt immer getestet, wie weit er gehen konnte.

Zum Vater hatte er ein schwieriges Verhältnis. Seine Mutter hat ihn als zweiten Sohn immer geschützt. Der Vater hätte womöglich nach dem ersten Sohn lieber eine Tochter gehabt, hat dann das späte Töchterchen, die fast zehn Jahre jüngere Schwester, vergöttert. Der Mutter gegenüber konnte er alles machen. Sie hat ihn bedingungslos geliebt. Hat er das gebraucht und sie dennoch dafür, oder sich gehasst?

Seine Erschütterung über meine Parkinsondiagnose hatte zur Folge, dass er nicht mehr mit mir rechnete. So habe ich es empfunden und es hat mich zusätzlich geschmerzt. Warum reagierte er so? Weil ich mich zu sehr auf mich kehrte? War dies der eigentliche Grund für sein Misstrauen bezüglich meines Buches? Ich habe es so verstanden, dass er Angst hätte vor einer Abrechnung, die aus der Besinnung auf mich selbst ihn betreffend werden konnte. Der Affront gegen die Eltern, entsteht er an der Stelle, an der wir nach ihrem Anteil an unserem *Los*, nach ihrer Schuld suchen? Wie konnte er annehmen, dass ich mich, angesichts der Diagnose in eine Opferrolle kehren, plötzlich mit meinem Leben hadern würde? Er musste doch wissen, dass ich nicht so reagieren würde, dass das nicht meine Art war. Er musste mich doch soweit kennen. Nicht einmal dies schien der Fall zu sein. Es konnte in meiner Auseinandersetzung mit unserer Begegnung nicht um Schuld gehen. Ich wollte allenfalls verstehen, um mich zu finden, selbst schuldig sein können, meinen eigenen Grund finden.

Nein dieses zu sehr sich mit sich beschäftigen war es, dem er misstraute, dieses zu sehr um sich kreisen, das Nebensichtreten – und sich mit wessen Augen sehen? Wovor hatte er Angst? Konnte die Gesellschaft, der er immer misstraute, ihn noch durch meine Augen einholen? Ihm ging es um Autonomie. Diese repräsentierte für ihn die Kunst. Doch er brauchte die anderen. Brauchte er dafür zu sehr die anderen? Um seine Kunst zu machen? Und hing er daher zu sehr vom Urteil der anderen ab? Er gestand ihnen etwas zu, was ihn andererseits wiederum dazu brachte, sie immer ernst zu nehmen. Sie auch zu fürchten?

Er hat immer auf mich gesetzt, die Last und die Suche nach einer Lösung nach einer Form des Lebens hat er auch immer auf meine Schultern gelegt. Wie sollte es hier, das Projekt eines Raums in der Abgeschiedenheit des Bayerischen Waldes weitergehen? Ich habe signalisiert mich zu kümmern und das auch getan. Er hatte immer mit mir gerechnet. Glaubte er jetzt, dies nicht mehr zu können, oder hat er dies angezweifelt? Oder hat er jetzt gedacht, dass er mich überfordert, jetzt befürchtet, dass er mich immer illegitim in die Pflicht genommen hatte?

Wurde seine Situation durch die Einsicht und deren Konsequenz noch verzweifelter, aussichtsloser, hatte endgültig keine Perspektive mehr? War die Zukunft dessen, was er hinterlässt auch an dieser Stelle endgültig in Frage gestellt? Die offenen Enden waren nicht mehr zu fassen. Die Kraft dafür fehlte. Und auch ich war jetzt noch geschwächt.

Als er mir durch eine Fehlleistung, ein Missverständnis beim Abbruch einer Ziegelwand, eines Tages mit dem Hammer einen Finger gequetscht und gebrochen hatte, machte er mir zum Vorwurf, dass ich nun ausfallen würde. Was hat er in mich gesetzt? Wofür brauchte er mich? Sollte ich stark sein, wo er schwach war? Er spielte immer den Starken.

War er also misstrauisch das Buch betreffend, weil er fürchtete, dass ich darin getan hätte, was ich ihm gegenüber bisher nie getan hatte, die offene Abgrenzung? Tue ich das jetzt? Nein. Es ist immer beides. Anziehung und Abstoßung. Wir haben beides immer unterdrückt, weil wir uns des anderen nicht sicher waren und gleichzeitig eine ungeheure Abhängigkeit voneinander bestand, in diesem spezifischen Verhältnis aus Nähe und Distanz. Kommt daher die Distanziertheit, wenn ich im Buch nur vom „Vater" schreibe? Gewährten wir dem anderen Raum, oder hielten wir Abstand? War das ich? War die Angst vor der Nähe nur das Gegenstück der Angst vor dem Bruch?

Er hatte mich immer an eine Verantwortung gemahnt, die er mir zu früh übertragen hatte, mir vielleicht zu dem Zeitpunkt, als er dies tat, hätte nicht übertragen dürfen. Gestützt wurde seine Haltung durch die Legende, dass wir meinetwegen hierhergezogen waren. Hatte er wirklich meiner kindlichen Faszination nachgegeben? Das klingt einerseits nach dem sogenannten antiautoritären Eltern-Kind-Verhältnis der Zeit aber noch viel mehr nach seiner Art, andere in Besitz zu nehmen für seine Zwecke, indem er ihnen einen Anteil anbot an dem was er tat. Weil er sie eben brauchte. Und es drückte sich darin aus, dass er mich auf der Baustelle bei unseren gemeinsamen Projekten, waren sie künstlerisch oder rein pragmatisch, in gleicher Verantwortung sehen wollte. Was war das für eine Symbiose ohne Nähe, die zuletzt nur noch an einem Faden hing, der zudem nach und nach dünner wurde?

Er hat den andern gebraucht, auch benutzt. Die weibliche Rolle bestand noch stärker in der Selbstaufgabe. Meine Mutter wollte diese Rolle irgendwann nicht mehr spielen.

Jetzt bin ich das verlassene Kind, das umherirrt und irgendetwas sucht, irgendeine Leerstelle füllen will, das aber nicht weiß, noch nicht versteht. Ich sehe mich von weitem, wie im ersten Kapitel meines Buches. Jetzt ein Zurückgelassener, völlig hilflos. Ich weine. Weint man immer nur um sich?

Jetzt muss ich der sein, der ich früh sein sollte, das Bindeglied, der Verantwortliche. Wer oder was fordert mich dazu heraus?

Er hat mit sich gerungen, bis zuletzt. Angesichts der letzten Phase würde man vielleicht sagen: Er hat seinen Frieden nicht gefunden. Kann ich das sagen? Darf ich das sagen? Steht mir das zu? Ich kann es auch gar nicht wissen. Was weiß ich von ihm? Er ist ganz allein gegangen. Er hat sich am Ende entfernt. Ich weiß nicht, ob er auf irgendeine Weise noch geschafft hat, wofür er so wenig Zeit hatte. Was hatte er sich noch für ein Ziel gesetzt? Schließlich wirkte er doch friedlich, wie er dalag, aufgebahrt. Jetzt liegt er so, wie ich ihn im Gedächtnis habe, das jetzt unendliche und unglaubliche Bilder und eine Nähe produziert, die ich nicht vermitteln kann, auf dem Münchener Westfriedhof, Sektor 33, Gang 7, Grab 20, unter der Erde, irgendwo in der Fremde. Das ausgependelte Verhältnis zwischen Nähe und Distanz zu Lebzeiten hat sich nun gewandelt in ein Verhältnis einer kaum beschreiblichen Nähe und diesem Nichtmehr.

Was ich von ihm wusste, bleibt in mir, stammt nur von mir.

Der Tod des Vaters hat mich an ein Gefühl erinnert, das mich mein bisheriges Leben begleitet, durch seine Zuwendung, seine Bezugnahme auf mich. Es ist von ihm, es ist in mir. Ich war Teil von ihm, von uns, jetzt ist er Teil von mir, bleibt in mir. Dinge werden bewusst, weil sie enden. Sein Fehlen erzeugt eine leere Fülle. Wie sie die Sprache erzeugt, der immer fehlt, worüber sie spricht.

Im März bin ich, nachdem ich das erste Mal nach Vaters Tod allein dort gewesen war, wieder mit S. nach Wies gefahren. Wir hatten uns schon im vergangenen Jahr, Ende Oktober, vor Vaters Geburtstag das obere Stockwerk im kleinen Haus ein wenig eingerichtet, um dort einen Bereich für uns zu haben. Ich hatte die Verpflichtung empfunden, mich nun mehr zu kümmern, während der Vater weg war, und sie wollte mich dabei unterstützen. Bisher hatte ich, wenn ich den Vater besucht hatte, hier nur geschlafen, hatte mir ein Bett eingerichtet, nur das Bad genutzt und war ansonsten eigentlich drüben bei ihm im großen Haus gewesen. Jetzt räumten wir den Raum, der das ganze Stockwerk, bis auf den Bereich des Bades, einnahm, etwas frei, räumten Möbel, Kartons und abgestellte Gegenstände zur Seite, saugten und putzten, stellten ein zweites Bett, einen Tisch und ein paar Stühle auf, installierten auf einem weiteren kleinen Tischchen an der Wand zum Bad einen Zweiplattenkocher, den wir im Erdgeschoss unter den dort abgestellten Werkzeugen und Gerätschaften gefunden hatten, und sortierten und wuschen das bei anderer Gelegenheit schon einmal in einem kleinen Schränkchen bereitgestellte Geschirr – das Nötigste, um uns hier aufhalten und versorgen zu können.

Jetzt nach Vaters Tod bekam die so eingerichtete Situation den Status eines Stützpunktes, um, was jetzt zu geschehen hatte, den Nachlass des Vaters vor allem im Großen Haus zu ordnen und teilweise aufzulösen, wobei noch nicht geklärt war, was mit dem Ganzen, den beiden Häusern und dem Grundstück auf dem Land, weit weg von unserem Lebensmittelpunkt und auch abseits der Orientierung der Schwestern, die in beziehungsweise in der Nähe von München lebten, nun geschehen sollte. Immerhin stand der Ort, mit allem, was darin versammelt war für die Familie, repräsentierte das, was von ihr übrig war. Er hielt die Familie fest.

Volle eineinhalb Tage brachten wir damit zu, im großen Haus, in Küche, Bad und im großen Raum im ersten Stock Platz zu schaffen, zu saugen und zu schrubben. Man musste irgendwo anfangen, bevor man darüber nachdenken konnte, die Räume, etwa die Küche, selbst zu nutzen. Alles Verderbliche, Lebensmittel in den Schränken und was sich noch in Kühl- und Eisschrank befand hatte ich schon beim letzten Mal entsorgt. Jetzt galt es an die Grenze vorzudringen, an den Punkt, wo zu fragen war, ob man bestimmte Dinge, auch in Zusammenhang mit dem künstlerischen Werk aufbewahren musste oder wegwerfen konnte. Die Trennlinie war dabei sehr oft nicht scharf zu ziehen.

Der Vater hatte die Dinge nach seinem eigenen System verwahrt und bewahrt. Es gab auch keine klare Trennung zwischen Küche und Werkstatt, in beiden Bereichen, obgleich sie natürlich getrennt waren, herrschte derselbe, sein spezifischer Umgang mit Material. Und jegliches Material, auch aufwendig produzierte Verpackungen für Lebensmittel, hatten für ihn einen Wert an sich. Die Ordnung der Dinge. Was als wertvoll oder wertlos eingestuft wurde, verwies auf sein System, indem er sich bewegte. Dabei bestand eine Gleichzeitigkeit von Unordnung und systemischer Ordnung nach einer ganz eigenen Logik, einer Logik die eng mit ihm, seiner Person und seinem künstlerischen Zugang zu den Dingen in Verbindung stand.

Ich fand ihn, den Vater, überall wieder, zum Teil ganz *real*. Ich entdeckte zum Beispiel Plastikdöschen mit Barthaaren, die er beim Schneiden seines Vollbartes, den er immer trug, gesammelt hatte. Durchsichtige Behälter, deren Inhalt auf einem inliegenden Zettelchen datiert war. Oder Fotos, die er zuletzt mit dem Handy von banalen Dingen und von sich gemacht hatte, im Badezimmer oder in anderen beiläufigen Situationen. Eines zeigte nur seinen langen Schatten auf der Wiese. Keine *Selfies*. Welches Experiment machte er mit sich selbst? Wonach suchte er?

Das Vergängliche. Wollte er es festhalten? Er konnte den Verfall nicht stoppen, so beobachtete er, was mit ihm geschah und konzentrierte sich dabei ganz auf sich.

Die Fotos, die er mit seinem alten Klapphandy, längst nicht in der Qualität derer neuerer Smartphones, machte – wie beiläufig sie wirklich waren wusste ich nicht – kannte ich schon von einer anderen Gelegenheit. Einmal berichtete er mir von einem Fotowettbewerb. Er hatte die Ausschreibung von irgendeiner christlichen, evangelischen Einrichtung in Baden-Württemberg erhalten, die sich auch irgendwie mit Kunst befasste, in deren Verteiler er sich aus irgendeinem Grund befand. Es sollten Fotos eingesandt werden. Das Thema war „Glück". Er hatte mit dem Handy, man könnte vielleicht sagen, diese Stillleben fotografiert, von denen mir jetzt wieder Abzüge in die Hände fielen, Randnotizen, die sein Dasein hier absteckten, Bilder von Obst auf dem blanken, gelaugten Holztisch in der Küche oder von Pilzen, die er auf dem Gelände gefunden und auf der Bank vor dem Haus oder einer Granitfensterbank abgelegt hatte, von seinen Pflanztöpfen mit Kräutern, aufgestellt in einer Reihe an einer sonnigen Stelle vor dem Haus. Manches im Gegenlicht fotografiert, so dass die Motive verschwammen, sich ein Strahlenschleier über sie legte oder helle Flecken auf den Bildern entstanden, die nichts abbildeten, sondern einfach auf Überbelichtungen zurückzuführen waren. Solche Bilder wollte er einsenden. Wie kam er dazu, sich tatsächlich an einem solchen Wettbewerb beteiligen zu wollen, hinter dessen Themenstellung aus meiner Sicht nur eine religiös betuliche, verkitschte Vorstellung von Glück stecken konnte? Die Ausschreibung richtete sich potentiell an alle, also gar nicht explizit an Künstler, also an Menschen, die ihr Tun mit ästhetischen Fragen oder in irgendeinem Verständnis von Kunst mit dieser in Verbindung bringen. Was konnte dabei herauskommen, was wirklich mit Kunst zu tun hätte? Welches Verständnis von Kunst steckte dahinter? Vielleicht ging es ihm darum, sich einfach zu einem solchen Ansinnen zu verhalten. Die Verbindung von Kunst und Christentum oder christlichen Werten, die wohl hinter der Ausschreibung steckte, beschäftigte ihn immer, dabei war ihm der Begriff „Christliche Kunst" immer ein rotes Tuch. Für ihn gab es keine christliche Kunst, auch keine *Kunsttherapie*. Es gab nur Kunst. Freilich, sie war für ihn ein auch moralisches Residuum. Aber gerade deshalb war sie für nichts in den Dienst zu nehmen, sie öffnete erst die Welt. Die *christliche Kunst* gab es insofern historisch, sie gehörte zu unserer Geschichte, unserer Welt, zumindest, was die westliche, europäische Kunst betrifft.

Die Kunst war ansonsten frei, sollte frei sein. Freiheit bedeutete für ihn, als Kriegskind, der in den Nachkriegsjahren studierte, auch, sich nicht schuldig zu machen. Bestand hierin auch die Schwierigkeit der Verbindung von Kunst und Leben, die immer wieder ganz konkret für ihn und auch zum Problem der Familie wurde?
Ich googelte die Einrichtung, die den Wettbewerb auslobte, und fand auf der Seite der Ausschreibung das Konterfei der, als solche ausgewiesenen, Kunsthistorikerin, die offenbar hinter dem Projekt stand. Mit den ausgewählten, besten Einsendungen sollte es schließlich eine Ausstellung geben. Warum dachte er überhaupt darüber nach, sich in einen solchen Rahmen einzubringen? Die andere Frage, die ich mir jetzt nochmal vorsetze, tauchte für mich damals nur beiläufig auf: Was hatten die Handyfotos für ihn mit Glück zu tun? Natürlich wollte er mit seiner Teilnahme etwas vermitteln, natürlich etwas gegen eine zu erwartende ober-

flächliche, ja vielleicht auch klischeehafte Vorstellung von Glück stellen. Oder war es doch der christliche Kontext, in dem die Kunst hier stand. Ließ ihn die moralische Frage in Verbindung mit der Kunst doch nicht los, wurde sie für ihn jetzt wichtiger? Er hat für ihn zentrale Fragen immer wieder aufgeworfen, noch die Frage mit thematisiert, letztlich auch immer die Frage der Rolle der Kunst. Dabei ging es ihm um die Kommunikation und die Begegnung. Er würde seiner Einsendung auch einen Text beifügen, den er mit mir diskutieren wollte. Auch sollte ich mich an der Auswahl der Motive aus einer größeren Sammlung beteiligen. Er suchte die Auseinandersetzung mit den Menschen in seiner Nähe über seine Arbeit, war sich seiner Sache letztlich nie sicher.

Die Meinung des Anderen war ihm wichtig, der Andere wurde zu einem gewissen Grad sogar mit beteiligt. Eine Zeit lang habe ich das unproblematisch mitgemacht. Er brauchte Mitstreiter. Ich bin da schlicht hineingewachsen, eine sehr frühe Prägung und Tatsache, die ich im Buch für mich klären wollte, in der Frage nach mir selbst. Irgendwann wollte ich mich so nicht mehr „einspannen" lassen, habe meinen eigenen Weg gesucht. Ab da hat er mich auch kaum mehr gefragt. Jetzt waren wir gleichberechtigt. Wieweit und an welchem Punkt konnte aber dieser, mein Weg, angesichts dieser Nähe und stetigen Einbeziehung in den Horizont seiner Fragen, ein eigener sein? Das war die Frage des Buches.

Er suchte das Urteil des Anderen. Letztlich ging es aber immer um ihn, um seine Auseinandersetzung, es blieb *seine* Arbeit, der Andere durfte niemals das Heft übernehmen. Was meine Mutter hin und wieder, vielleicht gar nicht so sehr bewusst, in Ansätzen tat, indem sie seine Arbeit interpretierte, sie sogar zu einem Teil zu etwas Anderem machte, sie sich über den Aspekt, zu dem sie Zugang fand, aneignete. Da aber genau war die Grenze. Der Andere hatte sich nach außen, wenn überhaupt, in den Dienst seiner Arbeit zu stellen. Wen er so, also in dieser Unterordnung, einbinden konnte, der gab ihm in zweierlei Hinsicht Sicherheit. Er half ihm, seinen Zweifeln zu begegnen und konnte ihm, sofern er eben die klar markierte Grenzlinie nicht überschritt, nicht im Sinne einer Konkurrenz gefährlich werden. Und er war konkurrent, und die Konkurrenz betraf gerade uns beide.

Oder ging es darum, dass er den anderen nicht gleichzeitig beeinflussen wollte, weil worum es ging nicht aus dessen eigenem Impuls kam und damit nicht sein Eigenes sein konnte? Aber hat er dem anderen, in dem Moment, in dem er ihn solchermaßen „einspannte" nicht auch den Raum, sein Eigenes zu finden genommen?

Er hatte unseren gemeinsamen Gegenstand gestiftet, hat andererseits gespürt und auch gewollt, dass ich meinen eigenen Weg gehen würde. Hat er also befürchtet, dass es nicht mein eigener Weg sein könnte, gedacht, dass ich zu sehr von ihm beeinflusst sein könnte? Nein, meine eigenen Ansätze waren auch ihm deutlich und er sah, wie ich immer von andern erfuhr, mein „Talent". Hatte er Angst, dass ich ihm, was er in unserer Kommunikation gestiftet hat, streitig, zu meiner Sache machen könnte?

Sein Motiv an dem Fotowettbewerb teilzunehmen war klar. Er hatte eine Botschaft, die sich mit den Mitteln, in der Sprache der Kunst vermitteln sollte, Kunst war. Er wusste wohl nur nicht, ob es im Sinne dieser Motivation nicht letztlich vergebliche Liebesmühe war, der Rahmen einen Kontext bot, in dem irgendetwas von dem, was er vermitteln wollte, letztlich die Frage und der Zugang der Kunst, Thema werden konnte. Und so wollte er mich, den er inzwischen zumindest als jemanden, der irgendwie, auf irgendeiner Ebene, die er vielleicht selbst nicht mehr verstand, mit dem aktuellen Kunstbetrieb zu tun hatte – es gab natürlich Entwicklungen in der Kunst, die er in den letzten Jahren nicht mehr mitvollzog – und den er in dieser Hinsicht ernst nahm, hören, wollte wissen, was ich zu dem Ansinnen meinte. Er hat mich bewusst nicht als Künstler gefragt. Er war der Künstler, ich der Interpret. Diese Rollenverteilung ermöglichte unseren Kontakt. Im Praktischen, nonverbal, war dies anders. Hier trafen wir uns auf einer, immer wieder erst an der Sache und in der Praxis zu klärenden Ebene.

Er hat eine Installation, die ich mit einem Kollegen auf einer leeren Büroetage im fernen Frankfurt realisiert hatte, in der man übernachten konnte, als einziger von der Familie besucht und auch in ihr übernachtet. War da auch die Angst, dass ich in der Ferne, außerhalb seiner Reichweite etwas erreichen, erfolgreich sein könnte? Oder war es seine stille Zustimmung und das reumütige Signal, mich nicht verhindern zu wollen? Er war jemand, dem seine Handlungen zuweilen leidtaten, der das aber nicht offen zugestehen konnte, einem diese Reue auf andere Weise zu verstehen gegeben hat, noch bis zuletzt, sich selbst hassen konnte dafür, wie er mit dem Anderen umging. Somit auch mich betreffend, in Hinsicht auf meinen von mir verfolgten Weg in die Kunst. Jetzt macht es mich sehr traurig, dass wir uns nie so begegnet waren, dass wir darüber sprechen, offen mit der Frage hätten umgehen können.

Ich fand die Fotos schön. Die Motive hatten etwas Beiläufiges und gleichzeitig so existenziell Bedeutsames, wie etwa das Obst, etwas Essbares, in einer ganz elementaren Betrachtung und dazu der eigene Schatten, das eigene Konterfei, der Blick, der für ein solches, fotografisches Selbstporträt, die heute als Selfies die Informationshalden überschwemmen, typisch war. Aber aus dem Bild sah einen ein alter Mann mit Bart im Badezimmer vollständig ergraut an, beziehungsweise sah sich selbst aus einer Ecke des Bildes an, selbst aus dem Zentrum gerückt, nasse Haare, Ausschnitte seines Körpers. Wieweit er sich mit dem Phänomen der Selfies dabei auseinandersetzte, weiß ich nicht. Aber ich könnte es mir vorstellen, dass er darauf anspielte. Er reagierte sehr oft in seinen Arbeiten auf solche neuen gesellschaftlichen Phänomene.

Hatte er sich gerade die Barthaare geschnitten und in einem dieser kleinen durchsichtigen Plastikschächtelchen, wie ich sie in seinen Sachen fand, gesammelt? Ein alter hinfälliger Körper. Alles reduzierte sich darauf, was noch übrig war, eventuell Wesentliches. Was hat er gesucht? Was hatten die Bilder für ihn mit Glück zu tun? Was beschäftigte ihn an dem Thema „Glück"? In den Fotos lag etwas nicht Greifbares, auch durch die schlechte Qualität des Handyfotos, aber auch durch die Lichtirritationen, die teilweise das Motiv verschwimmen ließen. Das Wenige was noch da war und das Nichtverfügbare, sollte das für das Glück stehen, das Sichbegnügen mit dem was ist und das Zugeständnis, dass selbst das Wenige, mit dem wir so selbstverständlich umgehen, das zu unserer nächsten Welt gehört, letztlich nicht verfügbar ist?

Dennoch hat er das Wesentliche immer zu greifen versucht, dachte vielleicht es so zu tun, wie eigentlich in allem, was er machte, was er an Materialien gesammelt und an scheinbar Wertlosem, oder gar in verbreiteter Sicht Schädlichem, Unkraut, Spinnweben gehegt hat und gewähren ließ. Er hatte immer diese Regung in sich, sie richtete sich auf das Zarte, Zerbrechliche. Jetzt richtete sie sich auf sein Vergängliches. Eigentlich war es ihm wohl egal, ob es die Anstrengung wert wäre, an dem Wettbewerb teilzunehmen. Er hat immer auf das, was an ihn herangetragen wurde reagiert, war zur Kommunikation bereit. Er hat sich auch mit dem Kleinen befasst, es ernst genommen.

Ich habe ihm von der Teilnahme an dem Wettbewerb abgeraten. Warum? Durch die Frage, die er an mich richtete spürte ich seine Anerkennung. Jetzt konnte ich meinen Standpunkt äußern, konnte auch indirekt meinen eigenen künstlerischen Zugang einbringen. Ich wurde immerhin insoweit als Berater, gewissermaßen Sachverständiger und mein Beurteilungsvermögen von ihm ernstgenommen. Und kam damit nicht auch, wiederum indirekt, seine positive

Bewertung meines künstlerischen Zugangs und meiner Befähigung zum Ausdruck?

Ich äußerte so etwas wie, wenn dann müsse man auf die künstlerische Sprache vertrauen. Würde die aber verstanden? Gab es dafür in dem Kontext eine Grundlage. Gut, vielleicht wäre das künstlerische Verständnis nicht so entscheidend gewesen. Es hätte immerhin die Chance bestanden, dass etwas passiert. Die Kunst richtet sich schließlich nicht an *Profis*. Mit einem Text aber hätte man sich zu sehr auf die Ebene und das Kunstverständnis der Initiatoren eingelassen, die diese bemühten, und hier sogar im religiösen Kontext, weil sie die Kunst nicht verstanden, sie immer mit einer Botschaft, die doch eigentlich auf einer anderen Ebene lag, verknüpften.

Also wozu brauchte *er* den Text? Wollte er doch auch immer noch etwas Anderes vermitteln, was ihm die Kunst nicht ermöglichte? Brauchte er die Bedeutung? Vertraute er doch letztlich nicht allein der Kunst, hat gezweifelt, immer gezweifelt und ist daher den Weg nicht konsequent im Sinne der Kunst zu Ende gegangen? Dabei ist der Zweifel doch immer mit konstitutiv für die Kunst.

DIE ARBEIT AN DER EIGENEN GESCHICHTE II

Gut zwei Monate sind seit der Präsentation des Buches vergangen.

Ich sitze wieder hier, frühmorgens, genauso wie in der Zeit, in der ich fieberhaft, mit einer Dringlichkeit, die sich für mich schon jetzt kaum mehr nachempfinden lässt, den Text, meine Selbsterinnerungen in die Tastatur getippt habe. Ich blicke vom Bildschirm auf und starre in Gedanken in denselben Raum, ohne ihn bewusst wahrzunehmen.

Immer noch stellt sich zwischendrin dieses Gefühl einer Leere ein. Die Gefühle lassen sich nicht vergleichen, aber diese Empfindung ist nicht weniger intensiv als die Stimmung, die mich antrieb, als ich am Buch schrieb.

Ich fahre wie damals, wenn, wie jetzt, bei schönem Wetter die aufgehende Sonne über die Dächer stieg, die Jalousie ein Stück herunter, um mich gegen das grelle morgendliche Licht abzuschirmen, das durch die Balkontür hereinfällt und mich an meinem Schreibplatz blendet. Dabei beobachte ich die Vorgänge im Haus gegenüber, die ich spontan aufschreibe:

In der rechten Erdgeschosswohnung sitzt hinter einem weit aufgeklappten Fenster eine Frau mit überkreuzten Beinen auf einem Sofa an einem halbhohen Tisch und fixiert irgendetwas ihr gegenüber – ein Fernsehgerät? Vor ihr liegt eine Schachtel Zigaretten und ein Smartphone neben einer kleinen Vase Blumen mit weißen Blüten auf einer hellen Tischdecke mit Spitze und Blumenmuster. Ihr Kopf liegt im Schatten, ihr rechter Arm auf eine Armlehne des Sofas abgelegt, in der Hand hält sie eine Zigarette. Der Aschenbecher muss auf dem Teil des Tisches stehen, der von hier aus nicht zu sehen ist.

Im Treppenhaus putzt eine korpulente Frau mit dunklem Faltenrock und weißem, enganliegendem T-Shirt, das sie über den Rockbund gezogen hat, Treppe und Fenster. Ihr Kopf wird jetzt von der Oberkante des Treppenhausfensters abgeschnitten.

Vor der Eingangstür zieht ein kräftiger aber sportlich wirkender junger Mann mit kurz geschorenen Haaren und einem kleinen Hündchen an der Leine einen Schlüsselbund aus der Tasche seiner Trainingshose, steckt einen Schlüssel in das Schloss und drückt mit dem linken Oberarm die Tür auf. Dahinter sieht man rechts den Ansatz des ersten Treppenabsatzes und links eine weitere, braune Holztür, die wohl in den Keller führt.

Im dritten Stock, also etwa auf meiner Höhe – ich befinde mich auch im dritten Stock – steht in der linken Wohnung das rechte der beiden zur Straße gerichteten Fenster offen. In der Fensteröffnung weht ein dünner Vorhang oder eine Art Gardine im schwachen Windzug. Man kann durch die ganze Wohnung hindurchsehen, durch einen Flur, der an das Zimmer mit dem Fenster anschließt, bis in die zur Rückseite gerichtete Küche, wo womöglich auch gerade das Fenster offensteht, was für den Durchzug sorgt. Aus der Tür auf der linken Seite des Flurs, möglicherweise dem Badezimmer, kommt eine dunkelhäutige Frau. Sie geht in das Zimmer und bückt sich zu dem Kind hinunter, das sie im nächsten Moment hochhebt. Das Kind mit wie an Draht geflochtenen, abstehenden kleinen Zöpfen kreischt vor Vergnügen. Die Frau hatte es davor abgehalten sich zu sehr dem offenen Fenster zu nähern.

Der Mann mit dem Hündchen an der Leine ist inzwischen im zweiten Stock angekommen und öffnet die Tür der rechten Wohnung mit den vor den silbernen Jalousien gekippten Fenstern.

Was in den anderen Wohnungen, etwa der auf der linken Seite mit den wie gekämmt wirkenden Gardinen vor sich geht, ist nicht zu erkennen. In der wohnte lange Zeit eine Frau alleine mit ihrer Tochter, die inzwischen ausgezogen ist und sie mit ihrem kleinen Kind alle paar Wochen besuchen kommt. Man sieht sie eigentlich immer nur putzen. Es scheint im Moment niemand zu Hause zu sein. Auch hinter den dunklen Fensteröffnungen der übrigen Wohnungen regt sich nichts.

Keiner von den Bewohnern weiß, was im Augenblick in der Wohnung, darüber, darunter, daneben oder im übrigen Haus vorgeht. Alle bewegen sich in ihrer aktuellen Gegenwart, im Radius ihrer Wahrnehmungen als gäbe es daneben nichts.

Die Frau im Erdgeschoss rechts sieht vielleicht, was gerade in der Welt geschieht. Sie hat inzwischen einen

Teller mit irgendetwas zu essen vor sich stehen, stochert darin herum, beugt sich vor und hebt eine große Gabel davon zum Mund. Dabei fixiert sie das Display ihres Mobiltelefons, das eben kurz aufgeleuchtet hatte.

Die genaue Beschreibung dessen, was ich sehe, irgendwo würde sie kippen, sich eine Geschichte verselbständigen. So begannen meine Geschichten in der Kindheit, mit denen ich dann allein war.
Ich wollte weiterschreiben. Aber natürlich konnte ich nicht willkürlich irgendwo beginnen.
Äußerlich betrachtet hat sich an meiner Situation seit der Beendigung der Arbeit am Buch nichts geändert. Und dennoch ist, abgesehen von den Umständen in Zusammenhang mit Corona, durch den Tod des Vaters etwas radikal anders. Hier drängte es mich schließlich anzusetzen. Wie war diese Veränderung, was plötzlich so anders war, zu fassen?

Die letzte Phase unserer Begegnungen, als es ihm schon schlecht ging, ist nicht mehr in das Buch eingeflossen.
Angesichts der Macht, mit der die Erinnerungen seit seinem Tod herandrängten, stellte sich mir die Frage: Wenn also im Buch eventuell wesentliche Aspekte und Parameter meiner Geschichte noch unberücksichtigt sind, die für meine Gegenwart angesichts des Todes des Vaters ausschlaggebend sind, müsste dann dem gerade erschienenen Buch, wie ich es verstehe und aufgrund seiner Bedeutung für mich, nicht, gewissermaßen aus der sich für mich angesichts der letzten Begegnungen und durch seinen Tod neu ergebenden Perspektive, zumindest noch ein Kapitel hinzu-

gefügt werden, ehe ich mit dem Schreiben in anderer Form, indem ich die Familie, zumindest thematisch, hinter mir lasse, weitergehen kann?

Natürlich kann man einem gerade erschienenen Buch nicht einfach noch ein Kapitel hinzufügen.

Bedingung meines Selbstbezugs ist immer eine konkrete Erfahrung meiner Umwelt. Das Ich entsteht andererseits nicht etwa erst mit diesem Selbstbezug, sondern es steckt gerade besonders tief in jenen immer wieder aktuellen Erfahrungen. Das gilt für die gesamte Entwicklung meines Selbstbezugs seit der frühen Kindheit, aber ebenso die aktuelle Konfrontation und meinen Umgang mit Ereignissen in der Gegenwart.

Bei Ersterer galt es meines Erachtens mit dem Buch anzusetzen, um am Ende nach Möglichkeit mein gewissermaßen ererbtes künstlerisches Selbstverständnis mit im Rückblick als für mich ebenso prägend erachteten oder erst ausfindig zu machenden Zusammenhängen in der jüngeren Vergangenheit und Gegenwart, also meinem Jetzt, zu vermitteln. Doch durch den Tod des Vaters hat sich dieses Jetzt verändert. Fehlt dem Buch also nur gewissermaßen eine Ergänzung, oder verändert sich damit grundlegend die Perspektive auf meine Geschichte?

Das Buch ist eine Bezugnahme auf meine Realität, reale Stationen und Brüche in meinem Leben, beruht auf einer Vergegenwärtigung von realen Geschehnissen in der Vergangenheit, ist Selbstkonstitution in Form verfestigter Erinnerung.

Ein Buch ist immer eine Einheit. So liegt es jetzt zugeklappt und natürlich auch für mich in gewissem Sinne abgeschlossen vor mir.

Aber sind mit der Einheit des Buches nicht auch schon bestimmte Grundannahmen für die Wirklichkeit, der es gegenübersteht, auf die es sich bezieht, gemacht? Und unterstützt diese Abgeschlossenheit nicht also auch einen bestimmten Bezug zu meiner Realität, schreibt ihn fest? Vielleicht würde ich mich doch sogar noch näher an meiner Wirklichkeit bewegen, wenn ich dem Buch jetzt, tatsächlich nachträglich, noch ein Kapitel hinzufügen, die Abgeschlossenheit des Buches damit aufbrechen würde. Würde dadurch meine Geschichte, so denke ich jetzt, nicht noch mehr in den Raum greifen, eine Entgrenzung erfahren, wodurch sie eventuell sogar noch mehr auch eine tatsächliche Verbindung mit meiner Realität eingehen würde? Ging es nicht darum? Und war das nicht meine Vorstellung, wie es mit dem Schreiben weitergehen konnte?

Ist es nicht diese Nähe und das Zurückweisen bestimmter Formen, die meine Wahrheit öffnet und meiner Geschichte die Authentizität verleiht? Und ist es also nicht der von mir gesuchte, direkte Bezug zu meiner Realität, der das Buch in seiner abgeschlossenen Form fragwürdig erscheinen lässt? Ist andererseits die Einheit meiner Geschichte, die in einer bestimmten Weise durch das Buch gestützt wird, mit meinem Schreiben nicht auch allein durch den autobiographischen Aspekt, also durch die unlösbare Verknüpfung mit meinem Ich gesichert? Auch dadurch, dass mein Sinnstreben die Bruchstücke immer wieder und damit auch jetzt, nach dem Tod des Vaters, neu zusammenfügt?

Was sollte es für einen Sinn machen, meine Geschichte im Buch als etwas Abgeschlossenes, also als die eine Antwort auf die Frage nach mir selbst zu sehen? Musste ich mich mit einer solchen Antwort, angesichts der immer wieder aufs Neue sich stellenden Herausforderungen und unverhofft mich konfrontierenden Ereignisse nicht immer belügen. Wurde das nicht gerade durch den Tod des Vaters umso deutlicher? War insofern das Buch wirklich, das geeignete Medium, die geeignete Form, mich mir zu nähern? Komme ich also meinem Ich, das sich letztlich auf keine Weise fassen lässt, immer da ist und sich doch entzieht, nicht nur näher, indem ich meine Geschichte in irgendeiner Form öffne? Wie gelingt mir das mit dem Schreiben?

Mit dem Buch ging es andererseits doch in erster Linie darum, eine neue Perspektive zu schaffen, indem ich mich ganz auf mich konzentrierte und mich zunächst zu erinnern versuchte. Zwischen dem, worüber ich schrieb und meiner Gegenwart bestand aber allein durch die zeitliche Distanz eine Kluft. Es war von Anfang an klar, dass ich mich letztlich nicht in der Vergangenheit verlieren, sondern meinen Weg weitergehen, einen neuen Abschnitt beginnen wollte. Ungeklärt war aber, wie ich wieder aus der Erinnerung auftauchen, wieder in die Gegenwart gelangen würde. Mit der letzten Szene im Buch machte ich einen solchen Versuch. Darum ging es ja eigentlich. Es fehlte dennoch der konkrete Schritt. Wie war der zu tun?

Andererseits war die Frage, inwiefern das Buch nicht schon zu diesem neuen, zu beginnenden Abschnitt gehörte? Schließlich habe ich es erst nach und aufgrund dieser einschneidenden Zäsur geschrieben. Aber da war jetzt eine neue. Also kann dieser neue Abschnitt erst danach, also eventuell jetzt, mit einem *neuen Kapitel*, beginnen, weil das Buch auch zu sehr und mit dem Tod des Vaters noch mehr in meiner Vergangenheit gefangen bleibt?

Vielleicht begann dieser neue Abschnitt aber einfach ganz konkret schon mit einer Praxis des Schreibens, die in der Form für mich ganz neu war und die ja jetzt durch die neue Situation nicht in Frage stand. Musste es nicht damit, mit Bezug auf die Gegenwart und in die Zukunft gerichtet, einfach weitergehen? Aber war ich dafür schon offen, oder hat mich der Tod des Vaters vor allem noch einmal zurückgeworfen in die Erinnerung, also den Punkt, an den ich mit dem Buch, ganz am Ende durch die Begegnung mit dem Vater in der Gegenwart, eventuell schon gelangt zu sein glaubte, noch einmal eingefangen?

Wieweit richtet sich das Schreiben über mich immer auf Vergangenes und sein Bezug zur Gegenwart und Zukunft besteht darin, dass ich nicht weiß, was sich im nächsten Moment möglicherweise auch durch das Schreiben ergibt? Ist all mein Tun nicht so geartet, dass es sich auf ein Ist, damit letztlich immer Vergangenes, richtet, um sich Neuem zu öffnen? Und dieses Neue, das sich ergibt, ist doch wonach ich suche, die Gegenwart meines Ich. Es zeigt sich womöglich immer erst in dem Moment, indem ich meiner Umwelt und meinem Umgang mit ihr aktuell, auch schreibend, direkt ausgesetzt, mir damit am nächsten bin.

Einen Ausblick in die Gegenwart gibt es im Buch, wie erwähnt, ganz am Ende in Verbindung mit der Begegnung mit dem Vater an dem Ort, an dem sich die Erinnerungen in Form von Gegenständen, die in meiner Geschichte auftauchten, versammeln und dennoch aus ihrem vergangenen Kontext gelöst sind. Durch dieses Herausgelöstsein treffen sich Gegenwart und Vergangenheit in ihnen. Das gilt wohl für alle Dinge, die uns umgeben. Ihre Bedeutung für uns gehört zu ihrer Vergangenheit. Ihre Gegenwart ergibt sich erst, wenn wir sie aktuell aus dem Zusammenhang, in dem sie für uns stehen, oder, wie in der Kunst, aus ihrer Zweckbindung lösen.

Durch den Tod des Vaters ist für mich ein zentraler Kontext, der noch im Buch besteht, zerrissen. Sein Tod nötigt mich die Dinge neu zu sehen und bietet mir also den Anlass weiterzuschreiben und anknüpfend an das Buch, oder vielleicht auch konträr zu ihm, neue Schlüsse für mich zu ziehen. Der Vater lässt vieles von dem, was für mich eine so große Rolle spielte und spielt, zurück. Sein Tod wirft mich damit, wie nur ein akutes und einschneidendes Ereignis wie eben der Tod es vermag, hart in die Gegenwart, konfrontiert mich mit dem was von ihm dableibt. Die Gegenwart stößt mir zu. Sie ist der schmale Grat zwischen dem, was ist und dem was auf mich zukommt, also Zukunft. Hier bewege ich mich nun und hier kann es schließlich für mich und mit dem Schreiben nur weitergehen.

SEINE KUNST

Was mein Vater hinterlässt, ist wesentlich seine Kunst. Für meine eigene Orientierung ist sie zentral. Ich kann dies in der Gegenwartsform schreiben, weil diese Tatsache über seinen Tod hinaus Bestand hat. Um ihn, beziehungsweise eine wesentliche Dimension seiner Person, seines Selbstverständnisses und damit unser Verhältnis noch besser zu verstehen, möchte ich mich hier explizit und, freilich in einem an dieser Stelle nur möglichen Rahmen, konkreter seiner Kunst widmen.

In der für meine Entwicklung entscheidenden Phase war seine Arbeit einfach ein, über den alltäglichen Rahmen der Familie hinaus und innerhalb dessen, raumgreifendes Faktum, wie allein die Tatsache, dass mein Vater Künstler war, für das Umfeld, vor allem auf dem Land, in dem wir lebten, aber isoliert waren, nicht einzuordnen. Seine Arbeit als Künstler war für die gesamte Situation der Familie prägend.

Der Einfluss seiner Arbeit auf mich hatte etwas Unweigerliches und war, man könnte sagen, in gewissem Sinne entgrenzt. Ich bin mit dieser Arbeit, ihren unterschiedlichen Phasen einfach aufgewachsen, sie war immer im Einzelnen oder im Ganzen ein Tatbestand, mit dem ich konfrontiert war. Dieses Tun mit einer eigenartigen Konsequenz, dieser eigenen Logik. Von Anfang an hat seine Arbeit mich veranlasst zu reagieren und vielleicht rührt meine gesamte eigene künstlerische Betätigung da her, aus dieser Konfrontation und der Notwendigkeit zu reagieren.

Dabei basierte unser Kontakt auf einem stillen Einvernehmen. Ich hatte immer das Gefühl, dass ich dem, was der Vater tat, auf andere Weise als die anderen Familienmitglieder, nah aber damit auch ausgesetzt war. Die Nähe beruhte natürlich auch auf jener, unser beider Begegnung, die ich im vorletzten Kapitel versucht habe zu verstehen. Wir waren vom Gefühl, indem er mich von Anfang an als Gegenüber auf seine Weise ernst nahm, gewissermaßen „Kollegen", so ein Gefühl konnte er vermitteln, und doch konnten wir das tatsächlich durch die Asymmetrie unserer Beziehung natürlich nicht sein. Es war ab einem bestimmten Zeitpunkt immer ich, der sich an seiner Arbeit gerieben hat. Ich lernte gerade das Vokabular, das zum Verstehen dieser Arbeit nötig war, nahm es als ebenso gegeben wie die Arbeit selbst, während er sich dessen ganz selbstverständlich und bewusst bediente. Es war seines.

Dass ich mich selbst irgendwann um eine Klärung im Künstlerischen bemühte, nahm er allenfalls als Tatsache aus einer an der Stelle bewusst zurückhaltenden und stummen Beobachterperspektive zur Kenntnis. Er schreckte wohl davor zurück, indem er darauf einginge, einen noch größeren Einfluss auf mich zu nehmen. Hatte ich mir aber nicht genau zu dem Zeitpunkt seine Rückmeldung gewünscht?

Meine konkrete Bezugnahme auf die künstlerische Arbeit meines Vaters verbleibt bisher, sowohl im Buch wie auch im aktuellen Versuch der Bestimmung unserer Beziehung, im

Satus von Andeutungen. Und diese geben wiederum Ausweis für unser Verhältnis, die Arbeit selbst steht dabei im Hintergrund, bezeichnender Weise dort, wo sie für mich als Faktum immer auch ganz selbstverständlich und zu einem Grad unvermittelt gegenwärtig war.

In meiner im Laufe der Zeit und in den letzten Jahrzehnten durch meine eigene Arbeit schon weit distanzierteren Auseinandersetzung mit seiner Kunst, wobei zugestandener Weise viele der Fragen, die mich umtreiben, wie man sicher aus dem Bisherigen lesen kann, von ihm ererbt sind, sehe ich ihre Bedeutung unter anderem wesentlich in ihren, aus den zeitlichen Umständen resultierenden Motiven.

Der daraus sich ergebende Blickwinkel soll die an den unterschiedlichen Phasen abzulesende künstlerische Originalität seiner Arbeit aber in keiner Weise relativieren – ganz im Gegenteil.

Ganz zu Anfang und als Abschluss finden sich, wie eine Art Rahmung des Textes, jeweils eine Arbeit meines Vaters aus unterschiedlichen Phasen abgebildet, deren Gegenüberstellung in dieser Weise das Spektrum seines künstlerischen Schaffens und die Unterschiedlichkeit und Entwicklung seiner Ausdrucksformen nur anzudeuten vermag. Auf diese bezugnehmend lassen sich aber vielleicht ein paar wesentliche Punkte zu seiner künstlerischen Arbeit anmerken, ohne freilich den Anspruch, damit seinem Werk in seinen vielen Aspekten wirklich gerecht zu werden. Bemerkenswert und was die Arbeit meines Vaters auszeichnet ist vielleicht, dass er im

Verlaufe auch immer wieder neue, aktuelle Medien nutzte oder sich auf zeitgenössische Zugänge oder Phänomene wie sich Wirklichkeit vermittelte bezog. Seine Arbeit suchte in ihrer bewussten Positionierung in der Gesellschaft sehr häufig diesen aktuellen Bezug und hat sich auch dadurch in ihren Ergebnissen durch die Zeit zum Teil deutlich gewandelt.

In den vielfältigen Formen und Strategien seines künstlerischen Tuns ist letztlich sicher nicht das, was man einen Stil nennt – darum ging es ihm nicht –, aber in jedem Fall eine bestimmte, sehr authentische und konsequente künstlerische *Haltung*, wie er es genannt hätte und die er auch immer in für ihn wichtigen Kunstwerken anderer Künstler ausgedrückt sah, erkennbar.

Die frühe bildhauerische Arbeit meines Vaters in den 50ern und Anfang der 60er Jahre ist sehr stark figürlich geprägt und ist, recht direkt und ablesbar unter dem Eindruck des Schocks von Krieg und Nationalsozialismus, auf der Suche nach einer Orientierung an einem humanen Menschenbild. Sie steht in der Auseinandersetzung mit seinem Lehrer Heinrich Kirchner an der Münchener Akademie, wo er später selbst Lehrer wurde, und der modernen, zeitgenössischen Skulptur. Der Versuch der Neuaneignung der Grundlagen einer europäischen, humanen geistigen Tradition und, anlässlich einer frühen Studienreise, die Begegnung mit der griechischen Archaik, ist wohl das Initial seiner erwachsenen künstlerischen Orientierung und schlägt sich in seinen frühen skulpturalen Arbeiten deutlich nieder.

Das ganz zu Beginn abgebildete Relief zeigt dagegen schon die Auflösung der figürlichen Ansätze und vielleicht den Zweifel an der Möglichkeit eines in der Skulptur zu fixierenden oder durch sie zu repräsentierenden Menschenbildes. Somit markiert diese Arbeit sicher einen wichtigen Wendepunkt, weswegen sich mein Vater wohl auch ganz zuletzt immer wieder auf sie bezog und mir die Bedeutung, die sie für ihn hatte, vermittelte.

Sein Interesse galt sodann generell und sehr breit, wie das vieler seiner Generation, die in den Fünfziger Jahren die Kunsthochschulen bevölkerte – einige seiner Kollegen waren, wie sein älterer Bruder sogar zuletzt, gewissermaßen als Kinder, noch im Krieg gewesen – der vielfältigen Entwicklung der Ausdrucksformen der Moderne, von der Deutschland in der Zeit der faschistischen Diktatur abgeschnitten war. Dieses Interesse weckten neben der Plastik und der modernen Auseinandersetzung mit dem Raum, der er durch seine skulpturalen Anfänge weiter verpflichtet war, auch malerische Strömungen der Abstraktion, etwa, anlässlich seines Besuchs der ersten Weltausstellung nach dem Krieg 1958 in Brüssel, die Farbfeldmalerei eines Josef Albers, der, durch Emigration aufgrund von Verfolgung, sehr stark die Entwicklung in den USA mit beeinflusste. Später interessierte ihn wiederum, was von dieser Entwicklung in Bezug auf den Raum bis in die Endsechziger nach Europa zurückkam.

Als die Kunst in der politischen Atmosphäre der Studentenrevolte dann zunächst als „L'art pour L'art" verrufen war, wandte sich mein Vater, neuerlich in die Rolle des Suchenden gedrängt, auch Ansätzen der Konzeptkunst und zunehmend, motiviert durch seine beginnende, eigene Lehrtätigkeit an der Akademie 1972, der Frage des Verständnisses und der Rolle der Kunst in der Gesellschaft zu. Es war die Zeit, in der jetzt auch im akademischen Betrieb die angestammten Sujets der Kunst infrage gestellt wurden, in der er etwa als erstes Projekt mit Studierenden begann, etwas ganz Elementares zu tun, nämlich im Garten der Akademie einen Ofen aufzumauern und Brot zu backen. Eine Provokation gegen die Kollegenschaft, die Professorenfürsten der Malerei und Bildhauerei.

Seine anfängliche, dezidierte Auseinandersetzung mit dem Raum oder der Figur im Raum, die für ihn, im katholischen Umfeld, in das er hineingeboren war, in der Begegnung mit dem sakralen Raum und, daran anschließend, früher moderner Sakralarchitektur (zentral eines Le Corbusier) seinen Ausgangspunkt hatte, weckte, in Verbindung mit der Abstraktion und den Strömungen der Kunst der Zeit, schließlich sein Interesse für die nüchternen Formen und Raumerschließungen der amerikanischen Minimal Art.

Dabei war die protestantische Askese und die propagierte Abwendung der Kunst von jedem Verweis oder jeder Bedeutung, etwa eines Donald Judd oder eines Frank Stella („what you see is what you see"), nicht wirklich seine Sache. Durch diesen Nullpunkt, an dem die Kunst ihren Verweischarakter aufkündigte und der für mich als Jugendlichem, wie ich im Buch darlegte, eine große Anziehung hatte, ging er nicht hindurch. Vielmehr spielte für ihn in der Auseinandersetzung mit dem Raum weiterhin die menschliche Perspektive und so auch das Körperliche und sogar, in einer geistig religiösen

Tradition, das Meditative und Performative (das Körperliche war eben nicht mehr, etwa wie in der Skulptur, aktuell festzustellen oder positiv zu fixieren) und immer auch, in seiner Rolle als Lehrer, die Vermittlung grundlegender Werte eine Rolle.

Auch die durchgängige Orientierung des Minimal am rechten Winkel rief seine Skepsis hervor, repräsentierte dieser für ihn doch auch eine staatliche Ordnung, oder das Prinzip des Staatlichen, dem er, angesichts der jüngeren Geschichte nachhaltig misstraute. Die Differenzierung von demokratischer Klarheit und Transparenz und andererseits der Manifestation des Totalitären in der Moderne, wäre hier zu diskutieren, was wir in Ansätzen immer wieder getan haben.

Heribert Sturm wäre für die minimalistische Strenge und Konsequenz, wie ihn ein Kollege, Kunsthistoriker an der Münchener Akademie, in oberflächlicher Verkennung interpretierte und anlässlich der Eröffnung eines Kunst-am-Bau-Projektes formulierte, zu sehr „ein im Bayerischen verwurzelter, barocker Mensch". Äußerlich mochte das so scheinen. Da war aber ein Interesse an Klarheit und das war und blieb, vielleicht könnte man in seiner Perspektive sagen, den Kern- und Grundfragen der menschlichen Existenz verpflichtet und war gerade eine Abkehr von der ihm in die Wiege gelegten und oft oberflächlich folkloristisch interpretierten bayerischen Identität.

An der Strenge und Programmatik am Übergang der Abstraktion zum Minimal missfiel ihm aber auch, wie auch an der Suche nach einem Stil oder aber nach einem künstlerischen *Markenzeichen*, mit dem sich seine Kollegen versuchten im Kunstsystem zu profilieren, die Verengung des künstlerischen Blicks, letztlich des Blicks auf den Menschen und das Übersehen des Ephemeren sowie das Unterdrücken des intuitiven, anfänglich unbewussten Formwillens. Mit der Aufmerksamkeit auf alles was sich hier ausdrückte und doch nicht greifbar wurde begegnete er immer auch unseren kindlichen Hervorbringungen.

Vielleicht hat er aber etwas unterschätzt oder es bestand für ihn ein zentraler innerer Konflikt hinsichtlich der Tatsache, dass sich eine solche künstlerische Zuwendung an das Fragile im Sinne seiner Verfechtung, im Kunstsystem immer auch mit einer klaren Positionierung verbinden musste.

Und dann war da andererseits in seiner Arbeit, wie anhand des am Ende abgebildeten Objekts deutlich wird, der Bezug zur Sprache und dem Zeichenhaften, der wiederum eine Verbindung einging mit seiner Auseinandersetzung mit den genuinen Aspekten des Materials, das sich zunächst in seiner Eigengesetzlichkeit der intentionalen Form- und Sinngebung widersetzt. Wortlitaneien konnten sich ebenso, durch Verdrehung von Wort- und Buchstabenfolgen im Sinnlosen auflösen, dabei möglicherweise überraschend neuen Sinn erzeugen, wie der Sand, in den für sein späteres Werk wichtigen Sandschüttungen, in Verbindung mit der Erdanziehung, seinen eigenen Gesetzen folgend, sich unwillkürlich zu präzisen Kegeln auftürmt und damit gleichzeitig, ebenso unwillkürlich, buchstäblich Sand ins große Getriebe der ideologisch gestützten Bedeutungen und Repräsentanz von Sinn streuen konnte. So schuf er beispielsweise quadratische Bildkästen aus verzinktem Metall und Glas, auf der Bildfläche im Hintergrund mit Wort- oder Sinneinheiten bedruckt, die er von oben mittig und damit kegelförmig, beziehungsweise im Zwischenraum zwischen Bildträger und Glasscheibe zum gleichschenkligen Dreieck oder flachen Dreiecksprisma geformt, mit Sand unterschiedlicher Körnung zurieseln ließ. Oder er schuf eine prozesshaft installative Arbeit, in der er die repräsentative historische Architektur der Münchener Akademie in einer riesigen Verschüttung hinter einer annähernd raumhohen Glasscheibe versinken ließ. Eine aggressive Note und etwas effekthaft Lautes in der Wendung gegen die repräsentative Architektur erhielt die Arbeit dabei erst durch das nicht beabsichtigte Bersten der Glasscheibe. Seine ursprüngliche Absicht hatte wohl tatsächlich einen subversiven Aspekt, aber in einem wesentlich leiseren und differenzierteren Sinne. Das Ergebnis sollte eine Skulptur sein.

Der Bezug zum Raum war in seinen späteren Arbeiten sehr stark bestimmt von der Auseinandersetzung mit den Menetekeln ideologischer Systeme, die den gesellschaftlichen Raum dominieren konnten, und den diesen eigenen Bezug zum Zeichenhaften. Aus der biographisch erfahrenen und offenbar nachhaltig empfundenen Bedrängnis des Ideologischen musste er sich, wie in unterschiedlicher Form vielleicht seine gesamte Generation, in einer spezifischen Gegenwendung befreien.

Mit der subtilen Besetzung des Raums oder aber von Orten setzte er sich ab den Achtzigern in großen Installationen im Innen- und Außenraum auseinander. Ich glaube, es ging dabei um die Konkurrenz der Bewegung und des Zeichenhaften im Raum. Dabei markierte die Bedeutung den Widerstreit aus Bewegung und Stagnation. In der Realisierung des Zeichens, seiner Bedeutung, konnte eine Bewegung gleichermaßen angestoßen werden wie zum Stillstand kommen. Ein schönes Beispiel für diese Werkphase ist die abgebildete, vergleichsweise kleine Arbeit „TI LT".

Die Arbeiten hatten in der Bewegung durchgängig eine performative Dimension, die ich als ein Zeigen bezeichnen würde, was wiederum in dem abgebildeten sehr frühen Relief thematisch ist, und das ich in Verbindung mit seiner Rolle als Lehrer sehe, er andererseits als ihren „Aufführungscharakter" bezeichnete.

Eine wichtige Rolle in der Arbeit meines Vaters spielte seine Kindheit in Diktatur und Krieg. Eine Serie von Arbeiten Ende der 80er Anfang der 90er betitelte er explizit mit „Kindheit um 1940".

Diese Kindheit verortete sich zwischen Kriegsspiel, christlich-religiöser Zeremonie und gesellschaftlicher Verdrängung.

In der Trance der liturgischen Litanei der katholischen Welt spiegelte sich für ihn die Brüchigkeit von Bedeutungen und Werten, die, wie historisch schmerzhaft zu konstatieren war, offenbar der faschistischen Ideologie und dem Verbrechen am Menschlichen nichts anhaben konnten, und gleichzeitig die Evidenz des Fragilen und die Vergeblichkeit menschlicher, an humanen Werten orientierten Anstrengungen erfahrbar werden ließen.

Kunst war, so zog er für sich den Schluss, entgegen dem Ideologischen und der kirchlichen Institutionalisierung der Religion, die Möglichkeit einer Kommunikation mittels der unmittelbaren Vergegenwärtigung und Verkörperung in der menschlichen Begegnung, die, im Sinne des von Adorno so bezeichneten „Nichtidentischen", das Fragile und Verletzliche aufspürte, nobilitierte und damit der Verfügung der Systeme entzog. In diesem Verständnis hat er mich wohl am stärksten geprägt und war mir als Vater auch ein wichtiger moralischer Lehrer.

Positive Werte und damit verbunden wiederum ein entsprechendes System von Bedeutungen noch aufzustellen hatte sich in diesem Horizont irgendwann für ihn erledigt. So blieb ihm kein andrer Weg, als in stetiger Entgegensetzung, in Anlehnung an Camus und die existenzialistische Stimmung seiner künstlerischen Anfänge, die Vergeblichkeit seiner Existenz und seines Handelns und des – positiv gewendeten – Scheiterns als Künstler mit der Formel, dass man sich Sisyphos, mit dem er sich in der Künstlerrolle identifizierte, als einen glücklichen Menschen vorzustellen habe, zu versöhnen.

Es ging für ihn in der Kunst letztlich nicht mehr um ein Ergebnis und so auch nicht um einen Stil, der in seinen Augen alles nur verkleistern würde, sondern im Sinne des Menschen immer wieder aufs Neue um den Versuch, sich diesem zu nähern. Nur so war seine Individualität und deren Fragilität, die durch Systeme immer in Gefahr gerät, zu schützen. Seine letzte Anstrengung war wohl, noch im Angesicht des Todes, sich selbst aus diesen Fängen zu befreien.

Und dennoch ist mein Vater wohl am Ende an eben dieser Vergeblichkeit seines Versuchs, den Menschen in der Kunst zu finden und als Lehrer dem einzelnen Individuum einen von einer Haltung bestimmten Weg aufzuzeigen, verzweifelt. Waren die Werte, um die es ihm zu tun war, für ihn doch zu zentral und unverbrüchlich als dass er sich mit dem Vakuum, das die Moderne und schließlich das amerikanische Minimal offensiv in ihrer Abwendung von Traditionen und andererseits ihrer Pragmatik propagierte, letztlich hätte identifizieren können? War der Schock, den das Bewusstwerden von Diktatur und Genozid bedeutete, zu massiv, um im Bildnerischen die Ebene der Bedeutung geknüpft an prinzipielle, humane Werte hinter sich zu lassen? Neben dem in der Kunst repräsentierten Nullpunkt gab es für ihn diesen gesellschaftlich moralischen. Hat er eventuell von Anfang an bezogen auf die virulenten Fragen der Nachkriegszeit die Rolle der Kunst in der Gesellschaft gesehen, in sie seine Hoffnung gesetzt, aber doch gleichzeitig die Möglichkeit deren Erfüllung angezweifelt? Und hat sich dieses mangelnde Zutrauen am Ende angesichts der Frage, was er gemessen an diesen Hoffnungen erreicht hatte, bestätigt? Ich sehe, dass für ihn persönlich und seine späte Resignation gar nicht so sehr im Vordergrund die Tatsache der fehlenden Resonanz seiner Arbeit in der Kunstwelt ausschlaggebend war. Er hat auch letztlich das von Eitelkeit getriebene System abgelehnt und hat wohl auch deshalb eine entsprechende Reputation und Wahrnehmung nie konsequent angestrebt. So bleibt für mich die Frage offen, was er sich letztlich stattdessen von den Menschen, auch denen seiner unmittelbaren Umgebung erhofft hat? Das dachte er wohl am Ende auch der Familie nicht mehr vermitteln zu können. Stießen doch seine Versuche, und die gab es bis zuletzt, mehr und mehr auch in seiner engsten Umgebung auf Unverständnis. Er hatte wohl das Gefühl, das hat er zumindest in bestimmten Situationen vermittelt, dass das Scheitern der Kommunikation uns noch weiter auseinanderdriften ließ.

Ich habe im Buch und weiter oben die besonderen Begegnungen mit meinem Vater früh als Kind und schließlich auf der Baustelle, beim gemeinsamen Erschaffen von Räumen, erwähnt. Von seiner späten, tatsächlichen – ja, man kann wohl sagen – Verbitterung war zu der Zeit noch nichts zu spüren. Vielleicht ist es auch falsch und es steht mir wiederum nicht zu, diese als Endpunkt seines Weges so zugespitzt zu benennen. Stattdessen ist es sicherlich wichtiger, im Sinne seines Gedenkens und, positiv, seines Wirkens, in der Betrachtung seiner Arbeiten eine meines Erachtens im Bezug zum zeitlichen Kontext doch eine bedeutsame künstlerische Positionierung und Haltung auch als Lehrer zu sehen.

Das Trennende und gleichzeitig uns Verbindende lag, so sehe ich es jetzt, auch angesichts der Arbeit am Buch, durch die mir einiges erst klar wurde, am Ende in unserem jeweiligen Verhältnis zum Raum und andererseits zum Ort.
Waren für ihn Orte zunächst durch eine allumfassende Bedrängnis durch die Geschichte besetzt, so gibt es in meiner Arbeit, neben der Bedeutung des Raums, einen Zug zu den Geschichten, dem freien Wieder-Füllen des Raums nach dem faszinierenden Nulldurchgang der Abstraktion, jenseits

der Unterscheidung des Realen und Fiktiven, das mich auch in die Lage versetzte, mich immer am für mich zentralen Prinzip der Möglichkeit zu orientieren. Daher sicher kommt auch der Zug zum Literarischen und das Öffnen von Räumen durch das konkrete Verorten und Entspinnen von Geschichten parallel zu einer dominierenden Realität.

Für mich sind Orte etwas, das mir die Möglichkeit bietet, mich in meinem Selbstbezug einzurichten, an denen ich mich also finde. In der spielerischen Umdeutung der Dinge, des Vorgefundenen, entstehen neue Perspektiven.

Ich hatte aber auch immer den mir von den Eltern und letztlich maßgeblich von ihm, vom Vater zugestandenen Raum, einen, wie ich im Buch ausgiebig darstellte, unendlichen Freiraum, der mich andererseits auch isolierte, konnte aber damit mit Gegebenheiten an den unterschiedlichen Orten meiner Kindheit und Jugend umgehen, sie für meine Welten nutzen.

Für ihn waren Orte etwas, das nicht zuletzt historisch besetzt war, an denen Räume – im Sinne des Freien und der Freiheit – erst ausfindig zu machen und zu erstreiten waren.

Er musste sich aus der Kleinbürgerlichkeit, die das nationalsozialistische Regime mobilisierte und die es als kleinste Funktionseinheit wesentlich mitgetragen hat, obwohl seine Eltern keine Nazis waren, befreien, um diese Räume der Freiheit für sich zu finden.

In diesem Sinne hat er im Rahmen seiner Arbeit, im erwähnten Bezug zur Sprache, und für diese, gewissermaßen in einem Palindrom, ein Motto formuliert:

„ORTE RÄUMEN – RÄUME ORTEN"

Obwohl der Vater immer versuchte, einen Ort für die Familie zu schaffen, konnte er in Bezug auf den Raum mit dem Begriff „Wohnen" nichts anfangen. Die Vorstellungen vom Wohnen waren für ihn immer mit den gesellschaftlichen Vorgaben im Umgang mit Raum verbunden und kulminierten in, in Möbelprospekten propagierten, verkitschten, klischeehaften und vereinheitlichten Lebensstilen. Aus der Kritik an diesem Umstand sprach wiederum seine fundamentale Wendung gegen die Gesellschaft, ihre generelle Tendenz zur Vereinheitlichung und alle aus seiner Sicht daraus resultierenden Folgen.

Im Einvernehmen mit dieser Opposition fragte mich meine Mutter angesichts der Lektüre meines Buches, in dem es ja gerade, das sagt schon der Titel, sehr zentral eben um das Wohnen geht, was ich denn in dem Zusammenhang unter Wohnen verstehe.

Ich antwortete recht knapp, vielleicht zu abstrakt und auch etwas selbstherrlich: das physische und geistige Sich-einrichten in der Welt. Das war, worum es mir immer ging. Und das war doch auch letztlich das Bestreben meiner Eltern. Vielleicht konnte aber nur ich das so positiv formulieren, durch das Zutrauen und Vertrauen in meine Freiheit der Selbstbestimmung, das mir letztlich meine Eltern vermittelt hatten.

Hatten sie mich, durch den Raum, den sie mir früh gaben, auch wenn ich ihn später immer für mich verteidigen musste, dazu gebracht, zu glauben, dass mich die Maßgaben der Gesellschaft nicht betrafen?

Tatsächlich ist mein Grundgefühl, dass ich als erstes und grundsätzlich immer außerhalb stehe, mit all dem, was die Gesellschaft an Vorgaben macht, nicht gemeint bin, dass mich also die allgemein *gültigen* Kategorien nicht betreffen. Diese Erfahrung von Freiheit war für mich auch immer die Grundlage für einen Grad der Isoliertheit, ein Gefühl, mit niemandem wirklich kommunizieren zu können und vielleicht auch und sogar einer gewissen Überheblichkeit, der Vorstellung, anders als alle andern, von allgemeinen Belangen eben nicht tangiert zu sein. Und die Grundlage, immer alles anzuzweifeln, was Geltung zu haben schien.

Auf die Freiheit, die sie mir vermittelten, konnten meine Eltern selbst, aufgrund der Traumata ihrer Geschichte und der der Gesellschaft nicht zurückgreifen. Der Akt der Befreiung birgt paradoxer Weise die Gefahr, sich in einer Gegenposition zu verhärten und dadurch gerade nicht frei zu sein. Eine Selbstbestimmung durch Negation, in aktiver Abgrenzung.

Auch wenn der Vater Zeit seines Lebens damit beschäftigt war, sich seine Freiheit zu erstreiten. Er hatte sie nicht als Fundament und im Sinne einer Selbstgewissheit. Wir können oft nur eine Bresche schlagen, aber eventuell, was wir erkennen, für uns selbst noch nicht nutzen.

Der Vater konnte mir aber doch offensichtlich die Freiheit, zu der er sich erst aus dem Umfeld seiner Herkunft zu befreien hatte, schenken. Gleichzeitig hat er mich aber früh für die Belange der Familie, in dem Bestreben, einen Ort, vielleicht einen geschützten Raum, für diese zu schaffen und zu sichern, in die Verantwortung einbezogen, mir einen Teil seiner Verantwortung übertragen – und mich am Ende auch für seine Belange eingespannt.

Ich spielte also auch für ihn eine spezifische, wichtige Rolle. Wofür brauchte er mich? Welche Verantwortung übertrug er mir?

Die Konsequenz, mit der er sich zu befreien suchte, mahnte er bei mir hinsichtlich meines Verhältnisses zu mir selbst an.

Die Verantwortung, die er mir für den familiären Rahmen übertrug, begründete er wiederholt mit der Feststellung, dass ich ausschlaggebend gewesen wäre, uns auf das neue Abenteuer im Bayerischen Wald, um das ich schon im Vorfeld meine Geschichten gesponnen hatte, von denen er natürlich auch irgendwie mitbekommen hatte, einzulassen. Das klingt so, als hätte sich das Verhältnis meiner parallelen, fiktiven Welten, die ich mir für mich schuf, zu der realen der Familie mit dem Eintritt ins Erwachsenenalter plötzlich in sein Gegenteil gekehrt, oder als hätte er mich dazu ermahnen wollen, meine Geschichten oder im konkreten Fall die Geschichte, die ich mir um den Ort gesponnen hatte, jetzt ernst zu nehmen.

Und übernahm ich nicht schließlich tatsächlich diese mir übertragene Verantwortung, indem ich mich immer um Wies und auch jetzt wieder maßgeblich um das, was er hier hinterließ, kümmerte? Ja, aber ich übernehme damit nur soweit die Verantwortung wie ich sie für meine eigene Geschichte und meine Geschichten übernehme, in der Absicht, Realität und Fiktives, oder jetzt für mich die Familie mit ihrer, oder doch meiner Perspektive auf ihre Geschichte zu versöhnen. Die konsequente Haltung bezüglich der eigenen Geschichte, bedeutete doch auch und gerade für ihn die Voraussetzung, mit sich *identisch* zu sein.

Was mir der Vater in jedem Fall ab einem bestimmten Zeitpunkt, sehr früh, auf diese Weise, auch im Zusammenhang unserer gemeinsamen Bauarbeiten, vermittelte, oder was zumindest die Folge davon war, ist, mein Tun und auch gerade meine vielleicht träumerischen Fantasien ernst zu nehmen. Und das zeichnete meinen Weg, so kann ich es jetzt sehen, bis heute vor.

WIE WEITER? I

Ende März hatte sich die Corona-Situation zugespitzt, das gesellschaftliche und wirtschaftliche Leben war erstmals auf ein Minimum zurückgefahren. Die Pandemie erinnerte an Tschernobyl, ein Ereignis, das alle betraf und das, wie ich im Buch schilderte, für meine Orientierung in der Kunst eine wesentliche Rolle spielte. Eine elementare und aktuelle Bedrohung für die Gesellschaft als Ganze.

Am zweiten Tag des gemeinsamen verlängerten Wochenendes, das ich mit S. in Wies verbrachte, brachen wir zu einer kleinen Wanderung auf. Sich in der Landschaft bewegen, in den Wald gehen, war etwas vom Wenigen, was noch möglich war, auch unter den strikten Ausgangsbeschränkungen, die seit Ende der Woche galten. Ich nahm S. mit auf meine Fährten, auf denen ich mich hier, am Übergang zwischen Kindheit und Jugend, den ich im Wies-Kapitel des Buches schilderte, in der Landschaft und in meinen Geschichten verloren hatte. Die Zeit war durch Corona in gewissem Sinne angehalten. Diese angehaltene Zeit gab mir, jetzt auch wieder, anknüpfend an mein Buch, den Raum und die Gelegenheit, erneut in ihr, also in die Vergangenheit zu wechseln.

Alles war heute natürlich anders. Auch im Wald war über die Jahrzehnte gewirtschaftet worden und dadurch ergaben sich neue Strukturen, neue Freiflächen, gerodete, frisch bepflanzte Bereiche und dadurch völlig neue Ausblicke. Ich suchte etwas und stellte jetzt fest, dass es nicht mehr zu finden war, glaubte mir in meiner Orientierung sicher zu sein und täuschte mich mehrmals auf dem Weg, den ich als absolut vertrauten vorzufinden glaubte. Angesichts der Schilderungen im Buch derer ich mir, als meiner Erinnerung, so sicher zu sein glaubte, war mir dies gegenüber S. beinahe peinlich, als könnte ich mir doch vieles nur ausgedacht haben.

Statt dem, was ich wiederzufinden glaubte, gab es neu eingerichtete, markierte Wanderwege, welche für Mountainbiker oder, mit einem besonderen Piktogramm versehen, das sich in der Art von den Wegmarkierungen unterschied, ausdrücklich für „Nordic Walking". Mein Ziel war die für mich so wichtige, nächste, markantere Erhebung, der „Kramerschopf", der direkt in weniger als einer Stunde vom Haus zu erreichen war. Ich setzte mich wie ich es als Jugendlicher, damals Vierzehnjähriger, getan hatte, auf den Felsen, auf dem das Gipfelkreuz des kleinen Berges stand, den ich als zentralen Anknüpfungspunkt für mich in der neuen Umgebung in meinem Buch beschrieben hatte. Mein Platz. Der Berg, der Fixpunkt und ausgelagerte Ort meiner einsamen Orientierung, zentral für meine Identifikation mit dem neuen Zuhause, um mich hier in meiner Welt einzurichten, hier zu leben. Das Gipfelkreuz stand zwar auf einem aus dem Wald aufragenden Felsen, eigentlich aber unterhalb des wirklichen Gipfels, also des höchsten Punktes. Damals war er noch nicht wie jetzt, beschilderter Abstecher eines offiziellen, dahinter im dichten Wald vorüberführenden Wanderweges (Nummer 10) mit dem Hinweis „Aussichtspunkt".

Ich bildete mir nun für einen kurzen Moment ein, dies alles erfunden, auf den Weg gebracht zu haben, dass ich die Leute und die, die für den Tourismus in der Gegend verantwortlich sind, erst auf die Idee gebracht hatte, hier einen Wanderweg einzurichten und den Berg in den Blick zu rücken, dessen Namen in der Gegend auch von den Einheimischen damals kaum einer kannte. Ich hatte ihn aus meinen Karten. Am Gipfelkreuz gab es inzwischen sogar eine kleine Holzkiste mit Klappdeckel in der Form eines Briefkastens mit zwei Gipfelbüchern, eines vollgeschrieben, das zweite schon beinahe zur Hälfte. Ich überlegte einen Eintrag, der auf meine Geschichte bezugnimmt, entschied dann einfach, auf mein Buch hinzuweisen und seinen Bezug zu diesem Ort. Würde irgendjemand meine Notiz lesen, eventuell sogar daraufhin das Buch kaufen und in meine Geschichte eintauchen? Hier öffnete sich wieder die Frage der Verbindung des Textes, meiner Geschichte mit der Realität. Definiert sich hierdurch ein Ort, in der Verknüpfung der vielen Geschichten, in denen er für jeden ein anderer ist? Anders gefragt: Ist also, was ein Ort ist vor allem durch das Zusammentretten der individuellen Geschichten definiert? Ist ein Ort, wo wir uns begegnen, wo dieser Raum besteht, an dem die Kommunikation nicht erst von der Sprache her gestiftet wird, also ein letztlich Nichtverfügbares, das unsere Kommunikation erst stiftet indem wir es rein physisch teilen.

Der Berg war ursprünglich mein einsamer Rückzug. Jetzt ist er durch die Veränderungen in der seither vergangenen Zeit, auch für mich aus der Einsamkeit entlassen. Die vielen Stimmen in den beiden Gipfelbüchern – ich bin erstaunt über Eintragungen von Menschen aus weit entfernten Gegenden der Erde – verbinden sich durch meine Geschichte an diesem Ort mit mir. Ich finde jetzt sogar einen Wikipedia-Eintrag zu dem wirklich unscheinbaren, kleinen Berg im Netz.

Ich hatte mich im Buch nur den ersten zwanzig Jahren meines Lebens gewidmet. Alles was danach kam bis in die Gegenwart war lediglich in einem vergleichsweise reduzierten Verweis auf meine künstlerische Arbeit repräsentiert.

In dieser war ich immer auf der Suche nach Orten, habe versucht solche zu schaffen, als Grundlage einer Begegnung zu öffnen.

Die Zeit, die jüngere Vergangenheit, in der meine Kindheit und Jugend verkapselt war, war nun mein Außen, der seither beschrittene eigene Weg oder der immer wieder in die Irre führende oder in Sackgassen endende Versuch eines solchen. Von den Irrungen wussten sie nichts, aber eine bestimmte Oberfläche von mir kannte das Publikum der Buchvorstellung durch meine Arbeiten.

„Warum hast du an der Stelle aufgehört, deine Geschichte zu erzählen?", fragte mich am Ende der Lesung eine junge Frau aus meinem engeren Arbeitsumfeld, dem strategischen Schaffen von Räumen für kreative Prozesse in der Interaktion mit dem städtischen Kontext, in dem ich mich jetzt zentral bewegte und den ich für die städtische Öffentlichkeit repräsentierte. Auch der Leiter der Galerie hatte mich, nachdem ich ihm das Manuskript recht früh zum Lesen gegeben hatte, gefragt, warum ich so viel von meiner Kindheit und Jugend und nicht vielmehr von meinen Projekten, meiner eigentlichen künstlerischen Arbeit geschrieben hätte.

Es handelt sich natürlich nicht um die gleiche Frage. Die erstere habe ich wohl relativ billig beantwortet, indem ich auf den letzten Satz des Buches verwies: „Die Geschichte findet hier kein Ende." Wie es weitergehen konnte mit dem Schreiben musste an der Stelle noch offenbleiben. Die Frage bestand aber zu dem Zeitpunkt natürlich auch für mich.

Die Geschichte, die ich geschrieben hatte, liegt oder lag bis hierhin in mir verkapselt. Mit ihr habe ich durch ihre Schilderung in gewissem Sinne abgeschlossen und sie doch gesichert oder freigegeben, indem ich ihre Verbindung zu meiner Arbeit hergestellt habe, ohne damit meine Arbeit im eigentlichen Sinne zu interpretieren. Damit hatte ich in gewissem Sinne erreicht was ich wollte, meinen Anknüpfungspunkt gefunden und meine Geschichte wieder geöffnet. In meiner für mich weiterhin aktuellen Arbeit, die im Buch nur angedeutet ist, stecke ich auch gegenwärtig noch und zu ihr gehört auch das Buch. Das heißt, durch das Freilegen der verkapselten Geschichte konnte ich meine Arbeit aufs Neue verstehen und mir so die Grundlage schaffen ihren Weg weiterzugehen.

Tatsächlich war die ursprüngliche Idee, den autobiographischen Text meinen späteren Arbeiten gegenüberzustellen, als Pendant, gewissermaßen wie ein Kommentar ohne explizit zu erklären. Ich wollte sogar Abbildungen meiner Arbeiten ganz weglassen, die konnte man sich anderweitig ansehen, real oder im Netz. Die Sprache spricht immer von etwas, das nicht gleichzeitig anwesend ist, das ist ihr großes Potential, so habe ich gedacht, und so war es mit dem Erinnern und dem Bezug zu meinen Arbeiten. Wieviel hatte der Text tatsächlich mit meiner erinnerten Realität und andererseits mit meiner künstlerischen Arbeit bis hierhin zu tun? Der Text stand dazwischen, war die Verbindung, die ich mir darin vergegenwärtigte und irgendwie auch erst schuf. Und hier ist genau der Punkt, an dem der Text sich in meine künstlerische Arbeit einreiht.

Ich habe nicht in dem Sinne meine Autobiographie präsentiert, damit mich nun jeder, der sie liest, besser kennen sollte. Es ging um meine Erinnerungen, aber es ging auch um Fragen, die sich meines Erachtens jedem stellten. Diese Fragen, die wir teilen, sind doch Voraussetzung einer wirklichen Kommunikation. Und es ging um einen neuen Anfang, den Schritt über die Klippe. Ich habe wiederum einen künstlerischen Versuch unternommen, konsequent im Sinne der für mich zentralen Frage des Verhältnisses zwischen dem Text und einer für mich immer in Frage stehenden Realität. Es ging also wieder um die Fragwürdigkeit dieser, jeglicher Realität und auch des von der Gesellschaft in der Form vorgegebenen Selbstbezugs.

Die Arbeit des Künstlers lässt die *eine* Wirklichkeit als Möglichkeit erscheinen, als eine von unendlich vielen anderen. Die Möglichkeit dazu beruht in der Entfernung von dem, in der Überschreitung dessen, was wir teilen. Die Wirklichkeit liegt in der Beschränktheit. Meine Wirklichkeit oder Wahrheit ist die Form, in der ich mich in ihr einfinde. Mein Ich ist aber die Möglichkeit sie immer wieder zu überwinden, mich von dieser eigenen Wahrheit zu distanzieren, indem ich noch mich selbst hinterfrage, auf dieses unbestimmte Ich zurückgehe. Die Überschreitung der Kunst hinsichtlich der geteilten Wirklichkeit gelingt nur in der Vermittlung mit meinem Ich. Was sich dabei bei mir immer wieder einstellt ist eine neue Wahrheit.

Die geteilte Wirklichkeit, das erleben wir durch Corona, ist ebenso zu erschüttern wie meine Wahrheit durch ihren Anteil an der Zeit, die sich im Unvermittelten der Zukunft zeigt.

Die Corona-Einschränkungen, die uns ganz real räumlich isolierten, sind zwischenzeitlich etwas gelockert. Wie geht es aber weiter? Kehrt die Gesellschaft irgendwann in ihre bisher gewohnte Wirklichkeit zurück? Wohl kaum. Wir werden etwas Anderes teilen. Was wird es sein, wie werden wir in der Gesellschaft weiter zusammenleben? Was kommt ist unklarer denn je. Oder zeigt uns diese Erfahrung nur, macht sie uns nur bewusst, dass es immer so ist?

Ist die Wirklichkeit lediglich, was wir mittels der Sprache teilen? Nein, was wir als Einzelne konkret, ja auch mittels der Sprache, teilen ist ungleich weniger und zugleich mehr. Der größte Teil ist, worüber wir nicht verfügen, der sich zum Teil auch durch das Vergessen entzieht. Durch die Lösung der Bindung an die Vergangenheit, also in der Gegenwart, eröffnet sich uns immer wieder ein Feld der Möglichkeiten. Auch in Bezug auf die Gemeinschaft, also das, was wir teilen.

Natürlich ist diese spätere Phase, in der meine Arbeiten entstanden, entscheidend dafür, dass ich der wurde, der ich heute bin. Dennoch geschah dies alles auf der Grundlage einer verkapselten Geschichte, die in gewissem Sinne nicht zugänglich war, es entstand aus dem für mich Nichtverfügbaren. Und verstanden habe ich unter anderem durch den Text, dass hierin der sich entziehende Ursprung meines Ich liegt. Das Erzählen der Geschichte war vielleicht lediglich eine Art Abschied aufgrund einer neuerlichen Selbstbestimmung, ausgelöst durch einen Bruch und eine radikale Infragestellung. Der Tod des Vaters ist der Auslöser eines neuen Kapitels, um der Frage, mir, noch ein Stück näher zu kommen. Welche Rolle spielte also der Vater in dieser Geschichte und was ergibt sich für mich durch seinen Tod? In jedem Fall wirft er mich in gewissem Sinne in die Gegenwart, in der ich mich wieder erst formulieren muss.

DAS NICHTVERFÜGBARE / DIE KUNST

Muss ich also abermals neu ansetzen? Wie hängt das alles zusammen, die Kunst, die Freiheit, die Figur des Vaters, die individuelle Wahrheit, meine Geschichte, das Schreiben und die Gegenwart? Und wie kommt es zu dieser radikalen Selbstbefragung, die ich sehr früh, nicht erst durch die Parkinsondiagnose und den Tod des Vaters, in unterschiedlicher Weise entwickelte? Sie zieht sich durch das Buch, begleitet ab einem bestimmten Zeitpunkt die Etappen meiner Geschichte. Hat mich der Vater, dadurch dass er nie kommentierte, was ich gemacht habe, oder mir darauf Rückmeldung gab, in diese Selbstbefragung gezwungen? Hat er sich zu dem, was meine Schwestern machten eher geäußert? – Ich glaube, ja. Sie haben ihn sicher mehr gefragt. Sie konnten das aber vielleicht auch eher in der Rolle der Töchter. Oder weil sie ihm in dem, was sie machten, nicht so nah kamen? Hat er von sich aus nichts gesagt, weil er mir und uns damit den Raum geben wollte, uns aus uns heraus zu entwickeln? Ich müsste lügen, würde ich behaupten, dass ich mir diese Rückmeldung zeitweise nicht ersehnt hätte. Die Mutter hat sie stets gegeben. Vielleicht habe ich mich deshalb gefragt, warum von ihm nichts kam. Aber dieses Fehlen hat auch etwas bewirkt, was mich jetzt selbständig macht. Mit seinem Urteil, gerade aufgrund meines Wunsches danach, hätte ich ihn zur Instanz gemacht. Genau das wollte er wohl vermeiden und würde mich heute weniger frei sein lassen.

Unter den Dingen, die er hinterlassen hat, finde ich so vieles, an das ich mich teilweise wohl nicht mehr erinnert hätte, Bilder, Zeichnungen, kleine Figuren aus Holz oder Ton, und vieles mehr, was wir als Kinder produziert hatten, womit wir dann oft spielten. Er hat das alles, unabhängig davon, ob es von meinen Schwestern oder mir stammte, über die Jahrzehnte bewahrt. Kleine Tonfiguren in Seidenpapier eingewickelt in einem Schuhkarton. Es waren für ihn Dinge, die ganz wesentlich mit uns zu tun hatten. Er hat in ihnen nicht etwas Künstlerisches gesehen. Natürlich nicht. Er hat vielmehr in ihnen nach dem in uns gesucht oder das gesehen, was wir selbst auf unserem Weg für uns finden mussten. Wollte er uns die Dinge irgendwann zurückgeben, um uns an uns zu erinnern? Hat er das mit seinem Tod nicht getan?

Der Vater hat mich stärker beeinflusst, als er das wollte. Das Ausmaß seines Einflusses war ihm sicher lange Zeit, in gewissem Sinne vielleicht bis zum Schluss, bewusster als mir. Er konnte es früh an dem ablesen, was ich machte. Er konnte sehen, dass ich ihn phasenweise auch imitiert, mir sogar auf kindliche Weise bildnerische Fragen, die ihn beschäftigten, selbst vorgelegt habe. Wie erleben die Eltern diese Orientierung ihrer Kinder an dem, was sie tun? Wir haben keine Kinder.

Der Vater wollte nicht Vorbild sein. Er hat uns, meinen Schwestern und mir, immer vermittelt, dass wir jeder unseren eigenen Weg gehen, jeder diesen Weg für sich finden musste, in Freiheit und soweit irgend möglich unabhängig? Dieser Wunsch kam aus seiner Liebe.

Er hat uns mit dieser Anforderung, die er uns damit früh vermittelte, freilich auch immer überfordert. Und er hat wohl nicht bedacht, welche Vorgaben er uns mit dieser Freiheit, wie er sie verstand, machte, wie sehr er uns damit einen Maßstab vorgab. Welche Freiheit sollten wir suchen? Hatte die Freiheit, die er meinte, nicht für ihn vor allem mit dem zu tun was er machte, also der Kunst und stand sie damit nicht wiederum für uns konkret mit seiner Person, dem was er tat und seiner väterlichen Rolle in Verbindung? Man kann diese Rolle als Eltern, diesen Einfluss, gerade auch, mich betreffend, den des Vaters auf den Sohn, gar nicht vermeiden, auch wenn er dies beabsichtigte. Und seine Maßgaben waren für uns alle grundsätzlicher Art.

Hier bestand für ihn ein unauflösbarer Konflikt und damit das Problem, das er mit seiner Vaterrolle generell und bezogen auf jedes einzelne seiner Kinder immer hatte.

Gerade was er uns mitgegeben hat, war eine Herausforderung und mit einem hohen Anspruch und einer Anforderung an jeden Einzelnen für sich ganz allein verbunden. Wer ich bin muss ich, muss jeder für sich selbst herausfinden und bestimmen, muss und kann nur ich für mich und jeder nur für sich selbst beantworten. Mit dieser Freiheit brachte er, entsprechend gewisser Prinzipien, die er aus seiner künstlerischen Auseinandersetzung ableitete, die Kontinuität und Konsequenz, also eine bestimmte Logik und Folgerichtigkeit des Handelns in Verbindung, an die er uns immer gemahnt hat. Woran sollte sich aber diese Konsequenz heften? Jeder musste bei sich ansetzen. Aber wo war dieser

Ansatzpunkt zu suchen? Der konnte ja nicht willkürlich sein. Und inwiefern bedarf die Freiheit, unabhängig vom jeweiligen Ausgangspunkt der Konsequenz? Oder ist es umgekehrt, hilft nur sie uns, die Konsequenz des eigenen Tuns, uns zu befreien? Hat der Vater deshalb die Dinge für uns aufgehoben, also um *uns* an etwas zu erinnern, das uns nicht bewusst ist, oder das wir eventuell zu schnell vergessen?

Wie sollten wir andererseits angesichts dieser väterlichen Vorgaben wirklich frei werden?

Die Freiheit ist in der negativen Abgrenzung doch immer die Freiheit von etwas, und die Folge eines Sichbefreiens und Abgrenzens, und das dann doch letztlich auch von ihm. *Frei zu sein*, gewissermaßen als Zustand und Ergebnis dieses sich Befreiens, bedeutete Autonomie, und sie erforderte, positiv, eine ursprüngliche, zu isolierende *Selbst*-Erfahrung. Mit der Frage hatte ich früh, als Jugendlicher, meine ersten Anstrengungen verbunden, meinen eigenen Weg zu finden. Dabei hatte ich auch immer die Angst, dass gerade die Abgrenzung, also die Gegenwendung wiederum die Gefahr barg, mich festzulegen, zu verhärten, unfrei zu sein. Bei allem was ich tat, bei dem ich mich künstlerischer Mittel bediente und die gängigen Formen des Ausdrucks nutzte, habe ich irgendwann gefragt: „Was hat das mit mir zu tun?" Und genau hier habe ich, angesichts jener substanziellen Infragestellung durch die Nachricht von der Krankheit, mit dem Buch wiederum angesetzt. Vielleicht musste es deshalb ein Buch sein. Alles was ich bisher getan hatte, wollte ich auf den Prüfstand stellen, um, wenn möglich, mein Ich zu finden.

Und dabei kam also zwangsläufig auch die Rolle des Vaters zentral ins Spiel. Letztlich war aber, so stellte sich schnell heraus, doch eigentlich gerade und genau diese Suche wiederum seine Vorgabe.

Erst mit seinem Tod wird mir deutlich, wie sehr mich sein Einfluss bis heute bestimmt, wie viel von ihm ich in mir trage, wie sehr selbst die Suche nach mir in Abgrenzung von auch seinem Einfluss noch von ihm initiiert wurde. Wie beinahe aussichtslos ist dann aber die Suche nach der eigenen Wahrheit, und also dem Ansatzpunkt der eigenen Freiheit, wenn selbst diese Suche danach noch dem Einfluss von außen folgt?

Doch da gab es die Evidenz dieses Ich, das sich im Laufe meiner Entwicklung wandelte, aber als dieses Wandelbare, in mir ruhte, mich begleitete, empfinden ließ und mich befähigte zu handeln, auf Äußeres zu reagieren.

Ich erfahre mein Ich nur aktuell, auch jetzt, und nur in dem Raum, den ich für mich erschließe. Wieviel Willkür steckt aber in diesem Zugang? Findet irgendwann in der eigenen Geschichte eine Selbstwahl statt? Und wieweit muss ich meine Freiheit und also mein Ich erst explizit und aktiv erschließen? Beginnt die Freiheit erst mit dieser Selbstklärung, oder steckt sie nicht ganz ursprünglich und von Anfang an in *meinem* Bezug zu den Dingen und meiner Umwelt, den ich nicht ergründen oder erklären kann, der irgendwann da ist und sich entwickelt?

Wo hat mich das Buch hingeführt?

Ich wollte mein Ich finden. So musste es, so habe ich gedacht, also zunächst darum gehen herauszufinden, wie sich mein erster, ganz konkreter Kontakt zu meiner Umwelt gestaltete, um zu verstehen was davon originär mit mir zu tun haben konnte. Dazu versuchte ich mich an mich zu erinnern, mich gleichzeitig in meinen frühen Erfahrungsraum zu versetzen.

Müssen wir nicht, um unser Ich und eine mit diesem verbundene Kontinuität zu finden, immer zuerst in der Kindheit ansetzen? Oder steckt hierin schon ein bestimmtes, vorgefertigtes Selbstbild, ein Paradigma?

Mit dem Schreiben und der Orientierung am Erinnerten zeigte sich aber auch sehr schnell eine Schwierigkeit: Was war dieses Erinnern und was konnte es zu dieser Selbstklärung beitragen? Was ich selbst erinnerte, hat eine gewisse Eindeutigkeit, lässt mich auf mich zurückkommen. An welcher Stelle lässt es sich aber von dem trennen, was mir erzählt wurde, wozu ich keine eigene, bewusste Erinnerung und Anschauung haben konnte. Ich produzierte davon sogar Bilder. „Wo kamen diese Bilder her?", habe ich mich gefragt. Gerade angesichts der frühesten „Erinnerungen" ist diese Trennung zwischen dem, was mir erzählt wurde und was *tatsächlich passiert* ist am schwersten. Was mir über mich erzählt wurde, gehört schließlich auch zu dem, was meine Eltern aus mir machten, mir insofern immer schon auch in ihrem Verhalten auf mich bezogen, spiegelten. Davon wollte ich mich doch auf der Suche nach mir gerade lösen, genau dieses soweit irgend möglich hintergehen.

Wie die Bezugspunkte meiner kindlich begrenzten Umwelt, so machte ich andererseits auch das Erzählte selbst immer schon zu etwas Anderem, Eigenem innerhalb des Kosmos meines Ich, fügte es in diesen ein, also veränderte es. Das machten mir auch die Gespräche mit meiner Mutter, die wir über das Manuskript und noch nach dem Erscheinen des Buches führten, ihre zum Teil diametral unterschiedliche Sicht des Geschilderten, deutlich. Was ich aus dem, was mir erzählt wurde, mache, so schien es jetzt, ist vergleichbar den Ergebnissen des Kinderspiels „Stille Post".

Was in mir, in jedem von uns, konnte es sein, das die Dinge jeweils unwillkürlich zu etwas anderem, eigenem machte, dieses aktuelle Beziehen auf die mich umgebenden Dinge schuf, möglich machte, uns selbst befähigte, sie zu etwas „für mich" zu machen, sie ohne Vorsatz gewissermaßen immer zu verwandeln? Ja selbst die eigene, sicher geglaubte Erinnerung trog mich noch, was mir zuweilen deutlich wurde, wenn ich mit den erinnerten Situationen, etwa, wie oben beschrieben, auf dem Weg zum *Kramerschopf*, wieder aktuell konfrontiert wurde. Was verbindet meine Erinnerungen, wodurch ich nicht nur Vergangenes wieder wachrufe, sondern mich selbst konstituiere?

Hiernach war also zu suchen. Dieses Ich ist Bestandteil jeder unserer Erfahrungen. Gerade angesichts der Gegenwart der Dinge, der Aktualität dessen was uns zustößt und wie wir darauf reagieren, realisiert und reproduziert sich immer wieder diese selbe, ganz eigene produktive Leistung des Ich. Ist es nicht dieses aktiv – aus welchen Impuls? – Beitragende, das von sich „Ich" sagt, wonach ich suchte, oder das, woraus es sich speist? Genau dieses Beitragen zu einer Welt, gerade zu der, in der wir als Familie lebten, diese Rahmung und die

Suche nach ihrer Möglichkeit, so fand ich heraus, war was ich immer leistete.

Jedoch, woraus oder woher dieser Beitrag kam, war nicht greifbar und auch durch das, was ich erinnerte, mir erzählt und mitgegeben wurde nicht einzugrenzen. Das Ich war immer schon vorher da.

Hat der Vater das nicht gesehen, dass es allen Einflüssen von außen immer, auch seinem, vorausging, dass es nicht verfügbar und daher gerade nicht von außen, auch nicht von ihm zu lenken war? Und dass sein Einfluss allenfalls bestimmte Phasen betraf, sich wieder verlieren würde?

Gerade er hat nach mir, dem ihm Fremden in mir gesucht. Er muss es also auf irgendeine Weise gewusst haben, dass es da, offenbar aber auch gewusst, dass es zart und verletzlich und daher vor den eigenen und den vielen anderen Einflüssen von außen zu schützen war, wenn es sich entwickeln, zu sich kommen, für sich eine freie Orientierung finden sollte.

Was hat sich also durch das Buch hinsichtlich meines Ich ergeben? Durch das Erinnern hatte ich immerhin ein gewisses Kontinuum meines Ich in Ansätzen ausfindig gemacht, wiederentdeckt, sicher zu einem gewissen Grad aber auch erst jetzt konstituiert.

Da war ein zentrales Motiv meiner Betrachtungen, in meinem frühen Zugang zur Welt, über den ich mich schon bald in der Nachahmung des künstlerischen Selbstverständnisses, aber nicht in Anlehnung an das tatsächliche Tun des

Vaters, identifizierte: Die Unterscheidung von Wirklichkeit und Fiktion sollte in meiner Kontaktaufnahme mit der Wirklichkeit keine Rolle spielen. Das ermöglichte mir meinen ganz eigenen Zugang und wurde irgendwann Methode, um immer wieder Neues, neue Welten zu erfinden. Aber es war, soweit ich das in Bezug auf meinen kindlichen Kosmos ergründen konnte, eben nicht eine, die ich in der Orientierung am Vater anwendete, sondern vielleicht eher eine, die sich einfach von einer kindlichen Erschließung der Welt wie sie jeder in seiner Entwicklung für sich leistet, für die mir, so mein Gefühl, ein unendlicher Raum zugestanden wurde, ableitete.

Durch die Intensität der Wendung an die Umwelt aufgrund des mir dafür zugestandenen Raums habe ich vieles gesehen oder in den Umkreis meiner bewussten, konzentrierten Anschauung gebracht. Das geschah nicht zuletzt durch das Zeichnen. Ich konnte mich dadurch distanzieren, die Dinge aus ihrem Zusammenhang lösen, sie mir fremd machen, ganz von außen sehen. Die Dinge gehörten in der gängigen Betrachtung immer in einen größeren oft einfach pragmatischen Zusammenhang. Vielleicht zielte das Fragen des Vaters auf der von ihm erinnerten Autofahrt tatsächlich gar nicht auf die Antwort, sondern auf das Fragwürdige dieses Sachverhaltes. So würde sich auch die Frage nach Gott und nach dem Zweckhaften überhaupt erklären.

Für mich entstanden die Fragen und die Orientierung an der Möglichkeit, dass das, was wir teilten, jederzeit ganz anders gesehen werden konnte, das woraufhin es ausgerichtet war, fraglich war, letztlich durch das Zeichnen. Es ging dabei nicht darum, mich gegen etwas zu stellen, sondern um die Fülle, die in den Dingen für sich genommen steckte, die wenn man sie freilegte, sie in sich beruhen ließ, hervortrat.

Ich wusste natürlich nicht wirklich, wie die Anderen die Dinge sahen. Das war die Frage, die sich angesichts meiner isolierten Wahrnehmung, daran anschloss, letztlich jedoch nicht zu klären war. Die Gemeinschaft, soviel wurde deutlich, stützte sich aber immer auf eine Übereinkunft, sie schuf eine Ordnung. Die kritische Bezugnahme auf die Gemeinschaft wiederum leitete sich dabei sicher aus der politischen Positionierung der Eltern gegen die bestimmenden Maßgaben der Gesellschaft ab. Vor allem aber war es wesentliches Motiv schon der Arbeit meines Vaters.

Meine Reaktion war aber eine andere. Ich entwickelte also bewusst immer wieder aufs Neue eine alternative, von der vordergründigen Wirklichkeit abweichende Sicht auf die Dinge und die Realität. Dabei musste für Erstere immer auch ein neuer, angedeuteter Rahmen, ein alternativer Kontext geschaffen werden, denn so ganz isoliert ließen sie sich für die Betrachtung nicht sichern. Dieser neue Kontext funktionierte aber weit entfernt von Feststellungen oder Behauptungen, also beanspruchte für sich gar keine Geltung. Der Anspruch auf Geltung, der immer Bedingungen stellt, uns nicht freilässt, war schließlich, wogegen ich, vor allem später am Ende der Schulzeit in jugendlicher Bewegtheit, dezidiert anging.

Indem ich zunächst die Dinge isolierte, mich intensiv mit ihnen beschäftigte, konnte sich eine alternative Wirklichkeit entspinnen, welche mir ermöglichte, die vorgebliche aus den Angeln zu heben. In diesem Prozess wurden die Dinge für sich, unmittelbar zugänglich und wurden dadurch veränderbar. Sie konnten plötzlich etwas ganz anderes oder Eigenes sein. Der Verzicht auf Geltung, auf die Unterscheidung von Wirklichkeit und Fiktion ermöglichte mir die Dinge zuallererst zu sehen.

Heute frage ich: Hatte dieser Verzicht auf Geltung auch mit meiner Zurückhaltung gegen andere, mit meiner fehlenden Bereitschaft zum Streit, auch mit dem Vater, zu tun? Und wo kam dieses Meiden der Auseinandersetzung und das Nichteintreten für einen eigenen, begründeten Standpunkt her? Lag es daran, dass ich erkannte, dass eine Begründung meines Standpunktes, die von der Gemeinschaft anerkannt werden sollte, nur außerhalb meiner selbst liegen konnte, mich von der Gemeinschaft abhängig machte, in ihren Einflussbereich zog?

Das sich Wegstehlen aus der Welt, die die anderen teilten, in der ihr Leben stattfand, das ich immer mehr von außen beobachtete – allein sein, sich gleichzeitig verlieren an dieselben Dinge in einer allerdings eigenen fantasierten Welt, erlaubte mir von Ferne zu sehen, ja die Anderen noch im Kampf mit ihrer Realität zu beobachten. Aber auch den Anderen, das einzelne Gegenüber in seiner Sicht der Dinge ernst zu nehmen, ihm Raum zu geben.

Ich war damit zunächst immer in der Position des Beobachters. In dieser nahm ich mich selbst nicht wahr, sah, soweit ich mich nicht auf den Zusammenhang, den die anderen teilten, einließ, gar nicht die Notwendigkeit der Verteidigung eines eigenen Standpunkts, war damit frei.

War dann das Buch, das Erinnern, die Einkehr in eine eigene Realität, die auch mit den anderen in Verbindung stand, die ich bisher ausgeblendet hatte, die immer nur neben mir wirksam war, deren Substanz ich bis dahin nicht wahrnahm, mit der ich mich einfach nicht beschäftigte? (Daher ein häufiger Vorwurf der Anderen, ich würde mich nicht reflektieren?) Oder waren es die alternativen von mir geschaffenen Welten, ihre Vielzahl, deren Erhalt und der eigene Zugang zu den Dingen, um dessen legitimen Anspruch ich jetzt kämpfte? Also meine Freiheit und das Bewusstsein, auf dieser Ebene erst einen Bezug zu den Dingen zu gewinnen, ohne mich in einer geteilten Welt, anhand der in dieser anerkannten Argumente, mit andren auseinandersetzen zu müssen. Eine Realität, die sich nicht anpflocken ließ, die im Kern in jenem Ganzbeimirsein beruhte, eben frei war, gerade ohne sich dabei zu reflektieren, oder aufgrund der Anforderung von außen zu rechtfertigen, die ich wiederzufinden versuchte durch das Erinnern. Worauf berief sich diese eigene Welt, wenn sie keine Geltung beanspruchte? Nur auf dieses Ich und das damit umso vehementer. Auf ein Ich, das sich doch letztlich nicht dafür zu erklären hatte, dass es da ist, weil es darüber nicht verfügt, dafür nicht verantwortlich zu machen ist.

Ich hatte mich damit immer einem Rechtfertigungsdruck, wie ich ihn innerhalb der Gemeinschaft verspürte, entzogen, der sich anderseits sehr leicht, zu leicht, wie ich später befand, und durch fadenscheinige, außerhalb einem selbst liegende Begründungen und anerkannte Systeme beschwichtigen und damit delegieren ließ, also letztlich eigentlich gerade durch die Verleugnung, das nicht Ernstnehmen des Selbst.

Ich habe das Bild der *Stillen* Post benutzt. Funktioniert nicht jede Kommunikation nur so, als *Stille Post*? Wie sollte es also, wenn alle Wahrnehmung durch ein Ich gebrochen ist, die eine Welt geben, die obendrein für sich alleinige Geltung beanspruchte und uns so in ein Korsett presste? War sie nur ein kompliziertes Konstrukt? Was steckte dahinter?

Was, wenn wir uns anfreunden mit dem Gedanken, dass Kommunikation nie anders funktioniert und immer motiviert ist durch das Unüberbrückbare der individuellen Wahrnehmung? Liegt hier nicht auch der Grund und der Impuls der Neugier auf den Andern, auf Geschichten, von denen plötzlich unendlich viele im Raum stehen? Jede dieser wahren Geschichten, die jeder mit sich herumträgt, gerade sosehr sie eine eigene Sicht der Welt repräsentieren, beansprucht ihren Raum, Geltung für dieses eine Ich. Jede dieser Geschichten hat also *ihre* Wahrheit, bildet einen Kosmos, der nicht infrage zu stellen ist. Ihre Wahrheit kommt aus dieser Nähe, die jeder nur sich selbst betreffend kennt. Aus dieser kommt auch meine Wahrheit legitimer weise, auch wenn ich Dinge zum Teil *falsch* erinnere. Wir können nur kommunizieren, wenn wir eine andere Sicht der Dinge grundsätzlich akzeptieren, dem Fremden Raum geben.

Wie unterscheiden sich diese Geschichten aber, also auch meine, von literarischen, die von vorne herein als fiktive, fiktionale auftreten. Zementieren Letztere damit nicht die Vorstellung von der *einen*, einzig gesicherten Welt? Oder erinnern uns die literarischen Texte erst daran, dass es diese vielen Welten gibt und das Fiktive folgt dabei lediglich jenem Motiv, keine Geltung zu beanspruchen, wie in meinen fantasierten Welten, die ich von meinen Betrachtungen der Umwelt ableitete?

Ist es aber nicht dieses Bestätigen der einen Welt, also ihres Gegenpols, das auch die Kunst leistet, das ich in der Aufhebung der Unterscheidung von Wirklichkeit und Fiktion umgehen wollte und wodurch ich mir schließlich, in der Infragestellung der Zweckfreiheit der Kunst, die Tür offen ließ für die Behauptung der Relevanz meiner erfundenen Welten in Konkurrenz zu einer geteilten. Hier ergab sich die Frage der Verbindung von Kunst und Leben, die der Vater in gewisser Weise vorlebte, aber letztlich nur für sich erlangte, was ihn am Ende einsam sein ließ.

Ging es mir dagegen um eine andere Sicht der Welt, die ich mit anderen auch teilen, in der ich also mit ihnen gemeinsam zu leben versuchte, was ich zumindest in der Vorstellung, in meinen Geschichten, die ich an die Dinge und immer auch an die Orte heftete, fantasierte?

Dabei lag und liegt mir nichts ferner als irgendeine gemeinsame Vorstellung von der Welt. Nein, es ging mir dabei um das Identifizieren des Fragwürdigen jeder Realität und die Erweiterung der Kommunikation um andere Mittel.

Dem Vater ging es in seiner künstlerischen Beschäftigung um ein bestimmtes Verhältnis zu den Dingen. Sein Maßstab der Freiheit kam aus diesem Verhältnis, das in einem spezifischen Zugang, sagen wir, ohne den schon genauer zu bestimmen, im Zugang der Kunst gründete. Hinter das

Kriterium der Autonomie im künstlerischen Sinne war nicht zurückzugehen. Wie erlangte aber die Kunst ihre beziehungsweise der Künstler diesen freien Bezug zur Welt, seine Autonomie? Die Figur des Künstlers ist gewissermaßen der Inbegriff der Vorstellung des abendländischen Individuums. Und das meint das im Kern nicht teilbare, das ursprüngliche Ich, das mit nichts und niemandem etwas gemein hat, frei aus sich schöpft, sich nicht durch anderes erklären, ableiten lässt und aus sich heraus reagiert und handelt. Doch worin beruht seine Freiheit, worauf stützt sie sich?

Ich habe mich immer der geteilten Welt der Anderen entzogen. Ist es aber nicht genau das, was die Kunst immer tut? Die Kunst holt ihre Bilder aus dem, was wir nicht teilen.
Die bildende Kunst hatte in ihrer Geschichte immer mit einem erst zu formenden Material zu tun. Die Konfrontation mit dem Ungeformten, noch völlig Offenen und Unbekannten, auf das sie sich einlässt, dem sie sich aussetzt, entrückt die Kunst einer geteilten Welt.

Andererseits die klare Entscheidung für und die Festlegung auf den Status des Fiktiven in der Literatur, steckt darin nicht tatsächlich auch immer die Anerkenntnis einer gemeinsamen Wirklichkeit, von der, als zugrunde gelegte, die bildende Kunst, spätestens seit der Moderne, nicht mehr ausgeht, die sie zumindest, in der Beschäftigung mit dem Unbekannten, anzweifelt? Ist hier, in meiner Orientierung in der bildenden Kunst, auch der Unterschied meiner Texte zu literarischen zu suchen? Die Formulierungen der Romane, aber natürlich auch die erzählerischen Schilderungen meiner Erinnerungen vertrauen auf ein Wiedererkennen und Teilen von Wahrnehmungen und Beobachtungen durch den Leser. Und natürlich hält auch die bildende Kunst diesen Bezug zu einer geteilten Welt aufrecht, sonst wäre sie gänzlich unzugänglich. Sie beide vertrauen auf und brauchen diese Grundlage, die in der Sprache und in den Bildern als Behauptung von diesem Geteilten beruhen. Die bildende Kunst testet seit der Moderne, in den kühnsten Formen der Abstraktion nur seine äußerste Grenze. Um eben die grundsätzliche Fragwürdigkeit der geteilten Welt zu vermitteln? So habe ich sie verstanden.

Die Suche nach meiner auf meinen individuellen Zugang gestützte Wahrheit stößt, so auch das Ergebnis der Abstraktion in der Moderne, letztlich immer an das, was sich am Ende nicht vermitteln lässt.
Dieses Ergebnis leitet dann konsequent den Übergang in die reale Welt, intentional markiert durch den Übergang der Abstraktion zu Konkretion und zur Minimal Art in den USA in den 60er Jahren des vergangenen Jahrhunderts ein, der restlosen Verweigerung des Abbildhaften durch die wir die Dinge, jenseits eines bestehenden Kontextes von Bedeutungen konkret teilen. Ein Schritt, der mich faszinierte und für mich wiederum in Hinsicht auf die Verbindung von Kunst und Leben ein Versprechen barg. Hierin realisierte sich für mich die Aussicht auf die Möglichkeit der Stiftung von Gemeinschaft durch die Kunst.

Von Beginn an hat die bildende Kunst zu tun mit dem, was wir nicht teilen. Sie ist nur durch dieses. Es besteht in ihrem Material. Was ist dieses „Material"? In der Technik und der Kunst finden wir an ihrem Scheideweg einen unterschiedlichen Umgang mit dem Material. Die Technik und Wissenschaft versucht es zu nutzen und dafür in der Folge bis in den letzten Winkel physikalisch zu erforschen. Sie löst es in winzige Teile auf, sucht nach den letzten, kleinsten Teilchen und nutzt es rigoros und konsequent als Mittel zum Zweck.

Der Vater hat einmal das Bild von dem Mann verwendet, der einen Steinblock in immer kleinere Teile zerschlug, um seine Wahrheit zu finden, in der er beruht. Er hat damit seine Form und damit was er eigentlich suchte zerstört. Woher stammt dieses Bild? Es ist irgendwoher überliefert. Die Wahrheit findet demnach nur der Künstler.

Die Kunst formt das Material. Es ist ihre Grundlage, blieb jene Grundlage, derer sie letztlich nicht habhaft wurde, musste diese bleiben. Sie behauptete das Material als ihr letztes Residuum, ihren Weg nach draußen, nach außerhalb dessen, was wir als Gemeinsames denken (was die Wissenschaft nicht zulässt). Es bot der bildenden Kunst den Kontakt zu dem Bereich, in dem nichts gilt, oder zumindest, was hier in unserer Wirklichkeit gilt, nicht gilt. Das Material war lange das Faustpfand der Freiheit und Autonomie der bildenden Kunst.

Was haben die Maler in der Geschichte in ihre Selbstportraits gelegt, in ihnen gesucht? Sie haben ihr Material, die Farbe, als ein letztlich *Nichtverfügbares*, genommen, um *sich* darin zu finden. Der Schein ließ sie wiedererkennen, doch das Material gab dem Bild die ungreifbare Tiefe, das Unergründliche der individuellen, der nicht *teilbaren* Identität, je mehr das Material sich in sich zurückzog. Darauf stützte sich die Kunst und brachte damit das Nichtverfügbare zum Vorschein.

Als dasjenige, das sich gegen jede Bestimmung sperrt, ermöglichte es das Individuelle zu sehen und ließ ihm zugleich seine eigene Tiefe. Was stellten die gelungenen Konterfeis in der Malerei am Beginn der Moderne also dar? Den Einzelnen in seiner Zugehörigkeit zum Unbestimmbaren, Unergründlichen, Nichtverfügbaren, das sich jedem Kontext entzieht? Liegt darin die Erfindung des Individuums, des Ich? Die Anerkenntnis seiner Nichtverfügbarkeit, am Ende des Prinzips seiner Unantastbarkeit und Würde? Sie brachte es zum Vorschein, zur Gegenwart.

Ist daran gemessen jedes schnelle Foto heute nur ein oberflächlicher Abklatsch davon, der diese Individualität nur noch zitiert? Die Popart hat dies früh erkannt. *Zitieren* all die Medien und technischen Möglichkeiten nur noch unsere Werte von Freiheit, Individualität und Würde, oder treten diese gar mit Füßen? Sind die inflationären Fotos, also nur ein Wischer, der daran erinnert, für das steht, was wir einmal für uns in Anspruch genommen und für zentral wichtig befunden haben, wodurch wir uns glaubten behaupten zu können? – das wir, indem wir für sie *posen*, obendrein lächerlich machen. Schmerzt uns das nicht? Sind am Ende die verbreiteten Retromoden ein Indiz dafür, die Sehnsucht nach dem verloren gegangenen Authentischen, welches sich aus dem Nichtverfügbaren speist, das die Zeit immer mit sich bringt? Verlieren wir damit auch unsere Geschichte?

Wir versuchen noch mit modischen Markierungen auf der Haut unsere Individualität zu sichern, irreversibel zu fixieren und damit unter Beweis zu stellen. Ein Irrglaube.

Das Individuelle wird nie etwas Äußerliches sein. Alles Äußerliche, auch die Prothesen der Schönheit, ist teilbar, erinnert allenfalls an unsere Individualität, schreit sie, die nicht mehr zu sich findet, in bestimmten Phänomenen der Abgrenzung und Selbststilisierung heute geradezu heraus.

Oder kommt es letztlich nur wiederum auf unseren Umgang mit den Bildern, den Medien und Phänomenen an und dass wir ihr Nichtverfügbares, das sich mit ihnen gewandelt hat, zulassen und erkennen? Sie bestreiten andererseits seine Existenz mehr als jede totalitäre Ideologie, weil sie daran glauben, noch das letzte Residuum zu erschließen, die restlose Verfügbarkeit propagieren. Die ständige Verfügbarkeit und die Bindung an die Medien, die diese ermöglichen, werden uns gar noch als Freiheit verkauft.

Ginge es eventuell neuerlich um eine Kommunikation der Kunst mit der Technik, die in ihrer gegenseitigen Abgrenzung immer stattgefunden hat?

Haben wir tatsächlich vergessen, was die Individualität mit unserer Freiheit zu tun hat, worauf sich diese letztlich gründet, also dass sie niemals in einer verbreiteten, ja modischen Praxis beruhen kann? Die Ausgefallenheit einer Mode rührt am Individuellen nur graduell, erinnert nur daran.

Die massenhaften Bilder, die jeder durch den freien Zugang zu technischen Möglichkeiten selbst machen und verbreiten kann, suchen nicht den Spielraum, nicht das Unergründliche, das der Vater vielleicht in den letzten Fotos, auch mit der Handykamera, in dem nur scheinbar Beiläufigen und gleichzeitig Ungreifbaren, gesucht hat, dem er Raum gab, das wiederum ihm Raum gab, auch wenn sein

Bewegungsradius sich verkleinerte. War das sein Motiv? Ich glaube, ja. Er hat sich zuletzt versucht, so zu behaupten, seinen Raum für sich aufrecht zu erhalten. Er hätte das in dem Moment selbst nicht so für sich formuliert, weil er dadurch gleichzeitig bei sich war, weil er also sich selbst, was er tat, in dem Augenblick nicht reflektierte, sondern sich dadurch lediglich einen Raum erschloss, sich in dem Raum, der so entstand, bewegte.

Seine Auffassung von Freiheit beruhte in der Berufung auf das Nichtverfügbare, auf das sich die Kunst stützt, das sie erst zum Vorschein bringt, das er auch in uns und auch vor seinem Einfluss schützen wollte, damit selbst, aus sich heraus, zum Vorschein kommen könnte? Und basiert hierauf also die Freiheit der Kunst, um die es ihm immer ging und an der er Anteil nahm, an die er seine Schüler heranführte und auf die er sich immer berief?

Die ernsthafte, wesentliche Suche nach dem Selbst in der Welt, ist es das, was mein Buch mit meiner künstlerischen Arbeit, ja jeglicher Kunst verbindet? Die künstlerische Beschäftigung mit dem Ich, dem letztlich Unergründlichen und Nichtverfügbaren, das sie erst zum Vorschein bringt, ist kein Egoismus, sie ist die Suche nach Erkenntnis, nach dem Individuellen, seinem Aufscheinen, seiner Gegenwart, die legitimer Weise seine Existenz und ihren Raum beansprucht, ohne sich in das System einer geteilten Wirklichkeit einzubinden und sich dadurch erst seine Legitimität zu erstreiten, sich zu *rechtfertigen*. Der Künstler macht das nicht oder nicht nur für sich, er tut es öffentlich, schafft einen Raum dafür, sucht einen Weg und Mittel der Kommunikation darüber.

„The medium is the massage", die zentrale Sentenz und der Buchtitel von Marshall McLuhan, hat den Vater zuletzt noch einmal sehr beschäftigt. Dabei hat er den Schreibfehler, „massage" statt „message", den auch McLuhan im Sinne seiner Intention begrüßte, rekurriert. Allerdings hat er ihn so gedeutet, dass das Taktile, der körperliche und materiale Kontakt sich einzig transportiert. Er hat nur gespürt, welche Folgen die Ablösung der analogen Welt, die sich auf das Material stützte, durch die digitale hat.

Der Vater suchte das greifbare Gemeinsame, das sich im direkten Kontakt und im Gespräch, in dem es nicht um Feststellungen, sondern um Haltungen zu den Dingen ging, erschloss.

Und das war auch der Grund, warum er mit allen in der gleichen Weise sprach und auch erwog, sich in den eher fragwürdigen Kontext des Wettbewerbs mit der Frage nach dem Glück einzubringen. Was war das für eine Frage für ihn zu dem Zeitpunkt: die Frage nach dem Glück? Er wollte bis zuletzt darüber kommunizieren, worum es ihm in der Kunst ging, welche Rolle sie für ihn auch in Bezug auf die Freiheit spielte. Der Spezialistendiskurs über die Kunst, ihre verwissenschaftlichte Rezeption hat ihn kaum interessiert. Worum ging es da? Er lebte mit der Kunst, verband sie mit dem

Leben. Bei vielen stieß das vielleicht nur auf Unverständnis oder wirkte auf sie zuweilen auch skurril, oder für die, die in den geordneten Bahnen sich bewegten und nur bewegen wollten vielleicht auch als Provokation?

Die Kunst hat mich und ihn in den Zusammenhang und die Frage des individuellen Welt- und Selbstverhältnisses verstrickt und, indem sie das Nichtverfügbare in unserem Verhältnis zur Welt freilegt, dieser ausgesetzt. Die Kunst macht das. So gesehen ist nicht der Vater für mich der Ursprung dieser Frage, sondern für uns beide die Kunst. Er hat mich nur mit ihr in Berührung gebracht.

Insofern sich die Frage nach dem Selbstverhältnis und die Wahrung des Individuellen in der Gemeinschaft in der Kunst stellt, ist sie letztlich auch immer politisch. Die Rede von *Politischer Kunst* ist daher redundant, ebenso wie die von *Christlicher Kunst*. Die Kunst ist immer politisch wie sie auch immer religiös ist, im Sinne einer Rückbindung und damit der Anerkennung eines immer bestehenden nichtverfügbaren Bereichs, der uns anderseits die Möglichkeit bietet, uns aus diesem zu beziehen, uns in ihm zu finden.

Das Nichtverfügbare, also was für uns nicht in einen Bedeutungszusammenhang oder zweckorientierten Kontext eingebunden ist und daher nicht zu entschlüsseln ist, schafft die Gegenwart der Dinge.

Die geteilte Welt stützt sich immer auf eine Grundlage, die in deren Horizont nicht sichtbar wird. Der einzige Zugang besteht durch das Ich, indem es zu sich kommt und diese verborgene Grundlage anerkennt und in sich findet.

Das worüber wir nicht verfügen hat nichts zu tun mit Schicksal oder einer Bestimmung, wie man meine Überlegungen vielleicht verstehen könnte, es gehört zur Grunderfahrung unserer Individualität als ein Ich. Es folgt keinem Gesetz, setzt keine Grenzen, beschränkt nicht unsere Freiheit, sondern ist ihre Bedingung. Aber es ist auch Zumutung, die in der Freiheit immer besteht, weil sie uns zuallererst die Sicherheit der Gesetzmäßigkeit verweigert.

In der Moderne hat sich die Bildwelt der Kunst mit dem Fokus auf dem Individuellen von der geteilten Welt befreit oder diese zumindest als fragwürdige thematisiert. (Dies war auch der eigentliche Ansatzpunkt des politischen Denkens meiner Eltern angesichts der Auseinandersetzung mit der historischen Katastrophe des Nationalsozialismus.) Die Bilder gehören nicht mehr in den Kanon der mit einem Anspruch auf Geltung verbundenen Erklärung der Welt, in deren Dienst sie bis dahin standen. Heute erzeugen Bilder haltlose Welten, indem sie der Konsumwelt in der Werbung dienen. Aber das sind keine Bilder mehr in dem Sinne, dass sie das Abgebildete, in seinem In-Sich-Beruhen freilegten, sie sind Instrumente im Dienste des Profits. Sie lassen nichts mehr offen, kommen nicht mehr aus dem Unbekannten, welches ihnen den Reichtum ihrer Eigenständigkeit lässt. Sie reproduzieren Klischees, denen wir folgen sollen, und gaukeln uns den Spielraum von Freiheit vor, den uns nur die wirkliche Freiheit, mit all dem Risiko, das mit ihr verbunden ist, schenkt.

Auch wenn die Bilder in der Kunst wie in der Antike und im Christentum der Vormoderne der Weltinterpretation dienten, auch dann hatten sie diesen Ausgang, ihren Fluchtpunkt durch ihr Material, jenes Fürsichstehen, das ihnen der Zugang der Kunst ermöglichte, das durchaus den Welten, in deren Dienst sie standen, auch zum Verhängnis wurde, Anteil an ihrer Ablösung hatte. Sie trugen in sich die Möglichkeit für etwas Anderes, die immer im Fraglichen, Unbekannten, dem woraus sie bestanden steckt, waren nicht zu zähmen, darin für die geltende Ordnung gefährlich. Und darin lag ihre Kraft als Bilder.

Oder sehen wir sie erst heute so, aus der Sicht, die uns die Moderne erst erschlossen hat, wiederum von außerhalb der Welt, in der sie standen? Markiert die Einsicht in diesen Aspekt an ihnen den Schritt in die Moderne? Und geht es hier um das letzte Residuum, das die Moderne braucht, um das Individuum, das Ich, vor dem Totalitären, das in ihrer Dynamisierung der Verrechnung der Welt angelegt ist, zu schützen? Oder ist das eine nur das Pendant des anderen, ist es dieser Antagonismus, der die Moderne ausmacht, der Widerspruch, in den sie uns stürzte und aus dem die Welt heute einen Ausgang sucht?

Das Zumvorscheinkommen des Nichtverfügbaren in unserem Verhältnis zur Welt und uns selbst, das in der abendländischen bildenden Kunst und letztlich der Moderne historisch zentral durch ihr Material geschieht, markiert es also den historischen Moment der Entdeckung des Ich? Geschieht also letztere insofern in der Kunst? Das Material ließ sich formen, veränderte sich durch Äußeres und bewahrte doch auf eigentümliche Weise sein Insichberuhen, brachte damit die Eigenständigkeit und Gegenwart des Dargestellten hervor. Die Kunst schuf durch die Formung ihres Materials erst diesen Zugang zur Welt und zu uns selbst. Der Künstler andererseits stilisierte sich in der Dopplung der Welt, durch das geheimnisvolle Hervorbringen von Bildern zugleich zum Genie, zum Inbegriff des Individuums, zum menschlichen Schöpfer.

Dieser Sachverhalt, das Zumvorscheinbringen des Nichtverfügbaren, bietet uns auch heute noch in der Kunst den Raum, in dem wir einen Zugang zur Freiheit finden.

Doch worin zeigt sich dieses Nichtverfügbare heute? Sind es die Abfälle unseres technischen Zugangs zur Welt, die „Artefakte", die er produziert, wie die Lichtflecken in den letzten Fotos des Vaters. Oder geht es letztlich immer um dasjenige in der geteilten Welt, worauf sie sich immer stützt, das von innen nicht zugänglich ist, oder eben nur durch unser Ich, sofern es in der Lage ist, etwa in der Kunst, in irgendeiner Art zu ihm Zugang zu finden und zentrale Annahmen, die der jeweils aktuell geteilten Welt zugrunde liegen, zu befragen und unsere Gebundenheit an diese aufzubrechen. Die Wissenschaft geht davon aus, dass diese Begrenzung gerade im Nichtverfügbaren liegt, respektiert damit aber nicht was die Integrität des Individuums sichert, das die Moderne gleichzeitig proklamiert.

Heute ist die Welt so weit vermessen, dass der Kunst, so scheint es, der Zugang zum Nichtverfügbaren durch das Material, auf das sich unsere Welt immer noch, wenn auch nicht mehr in der maßgeblichen Form, stützt, kaum mehr gelingt. Sie zitiert das Material nur noch, indem sie sich auf die Kontexte, in denen es etwa technisch verschlüsselt liegt, bezieht und versucht, es aus seiner Unterordnung unter diese zu befreien, es als sein historisches Material und damit sich selbst zu rehabilitieren. Was ihr allenfalls durch das punktuelle, bewusste Aufbrechen der für die Welt, in der wir leben, bestimmenden Parameter, seiner Codierung gelingt. Sie eröffnet heute, so scheint es, nur noch momenthafte Ausblicke, die an ihre zu Zeiten bedeutsame Rolle erinnern. So weit ist sie zurückgedrängt, erfüllt weitgehend das durch die zentralen Maßgaben der Gesellschaft, die sich gegen sie immunisiert zu haben scheint, ihr zugewiesene Verständnis. Das ist kein Selbstverständnis mehr. Der sogenannte Kunstbetrieb ist dabei Handlanger der Gesellschaft.

Ist mit der historischen Bedeutung des Materials und ihrem von außen zugewiesenen Verständnis aber auch wirklich die Kunst Vergangenheit? Oder betrifft der Verlust der Bedeutung des Materials in der hochtechnisierten, digitalen Welt wiederum nur ihr historisches Verständnis, aus dem sie sich selbst zu befreien hat?

Hat sie eventuell die Möglichkeit andere, neue Wege zu gehen?

Inwiefern hat etwa mein Buch an dem Anteil, was die Kunst auf ihre Weise, auch wenn sie inzwischen gesellschaftlich weitgehend marginalisiert ist, eröffnet? Oder anders gefragt, was hat, ganz unabhängig davon, mein Buch mit meiner künstlerischen Arbeit zu tun, wie ich schon im für die Veröffentlichung verfassten Vorwort nahelegte aber auch dort zunächst als Frage aufwarf?

War es nicht zu tief durch meine tatsächliche, akute Not motiviert, warf es mich nicht zu sehr auf mich zurück, als dass es aus der künstlerischen Distanz, der Distanz, die die Kunst zur geteilten Welt einnimmt, kommen könnte?

War etwa denkbar, dass ich meine Geschichte als literarischen Text im Sinne literarischer Vorannahmen also als eine fiktive betrachten – was hatte er mit Literatur zu tun? – und, wie oben angedeutet, weitererzählen würde, oder, wie in meinem künstlerischen Zugang, die Frage ob fiktiv oder nicht, in der Schwebe lassen würde? Wie dies zuweilen in stark autobiographischen Romanen geschieht. Ginge das überhaupt, oder nähme diese methodische Unklarheit hinsichtlich Wirklichkeit oder Fiktion, der Geschichte nicht gerade die Brisanz und ihre Behauptung?

Das heißt, würde das nicht bedeuten, mich aus meiner Geschichte heraus zu stehlen, indem ich alles in Frage stelle, relativiere, die Frage von Wirklichem und Fiktivem auf den Kopf stelle, mich noch von meinem Ich distanziere. Würde ich es damit nicht im Kern verleugnen?

Nein es geht doch in der Kunst wie in der Literatur um das Ausloten, die Distanzierung von einer auch in mir liegenden geteilten Welt. Diese führt mich doch gerade, wie ich es mit dem Buch beabsichtigte, in die Nähe meines Selbst. Sie ist nur jetzt durch eine einschneidende Erfahrung geschehen, die mir zugestoßen ist. Und dieses Zustoßen, dieses Nichtwillentliche, ist es nicht das, was immer in der Kunst mein Fragen fordert, wodurch ich jetzt zur Klärung meines Selbst veranlasst wurde. Und das ist doch offenbar ein zentrales Motiv der Kunst.

Der Anlass des Schreibens hat mich in meinem Inneren getroffen. Meine Realität besteht in dem Bezug zu meinem

Inneren, das in der Kunst wie in unser aller Realität zu jenem Nichtverfügbaren gehört und so überhaupt erst Gegenstand der Kunst wird.

Das Ich ist das, womit ich immer allein bleibe, das ich selbst nur ansatzweise zu fassen bekomme. Dieses Ich, das ich zu jeder Zeit im echten Sinne exklusiv für mich habe, bietet mir gleichzeitig durch seine Nichtverfügbarkeit einen zentralen und stetigen Anlass meiner Selbstbefragung, der Frage nach meiner Freiheit, die, wie in den Selbstportraits oder dem Bezug des Vaters auf seine eigene Vergänglichkeit, immer Thema in der Kunst war. Die Kunst hat immer ein solches, existenzielles auf ihre andere Grundlage, eben die Freiheit, bezogenes Motiv. Hier schließt sich der Kreis. Die Kunst beantwortet aber die Frage nicht, sondern stellt sie immer wieder neu, indem sie erzählt, sehen lässt.

Nur aufgrund dieser angenommenen, für mich in Anspruch genommenen Freiheit bin ich auch immer gewissermaßen durch das Ich-Loch, diese Leerstelle, hinausgeschlüpft nach außerhalb der geteilten Welt. Diese Perspektive bietet uns die Kunst und auch die Literatur, muss sie für sich behaupten. Das habe ich auch mit dem Buch getan und habe mich damit wieder, auch oder gerade in der Not, distanziert – wovon? Von den gängigen Formen des Umgangs mit Krankheit, die mich erst in diese einsperren – und habe mich damit wieder in die Lage versetzt, meine Geschichte in die eigenen Hände zu nehmen, mich in meinem Leben neu, frei einzurichten, meine Freiheit zu sichern. Wie der Vater es bis zu seinem letzten Atemzug versuchte, indem er sich gegen die Belagerung seines Körpers durch die Apparatemedizin und die Anfechtung seiner Autonomie sträubte. Und dies tat er auch indem er seine wesentlichen Motive in alten Arbeiten wieder aufsuchte und zu verstehen suchte.

Das Buch hat die Frage nach mir selbst nicht beantwortet, mir lediglich die Bedeutung der Frage und womit sie in Verbindung steht, nämlich der Frage der Freiheit deutlich werden lassen.

Es ist vielleicht irritierend, dass die Suche nach dem Selbst zu einem Ende führt, an dem wir uns in nichts von allen anderen unterscheiden. Aber ist das nicht die Grundlage und Voraussetzung unserer Kommunikation, jenseits einer bereits geteilten Welt. Das, worin wir uns unterscheiden liegt immer in einem Äußern, und sei es das leiseste, mit dem wir anderen auch immer ein Angebot der Kommunikation machen, das aber der Andre auch immer schon im Horizont seiner Wahrheit bricht. Mit der Sprache glauben wir, in der Hoffnung auf eine gelungene Kommunikation, immer diesen Umstand zu überwinden. Das tun wir nicht.

Mein Buch ist so ein Angebot zu einer Kommunikation, die dem Eigenen und dem Fremden und selbst dem Fremden im Eigenen Raum gibt. – Wird es so verstanden? Was ruft es hervor? Was kommt zurück? Das ist die entscheidende Frage, die mich beschäftigt.

Stellt es eventuell auch eine Überforderung, eine Zumutung dar, indem es auch an das Innere des Anderen und dessen Einsicht in jene eigene Nichtverfügbarkeit rührt, etwas das ihn selbst elementar betrifft und ihm womöglich Angst macht, weil es sich eben entzieht und uns damit immer in Frage stellt? Weshalb wir uns lieber an die unzweifelhaften Übereinkünfte der Gemeinschaft halten, uns im doppelten Sinne festhalten? Ist es aber nicht die Konfrontation mit dem vielen Ungeklärten in Bezug auf uns selbst, was wir tatsächlich teilen und worin wir uns, auch hinsichtlich der Dringlichkeit unseres Bezugs zu dem Ich und im Bedürfnis der Kommunikation nicht unterscheiden? Und ist es damit nicht die Grundlage unserer Kommunikation und ihres Gelingens? – Doch wie ist dieses Gelingen zu verstehen?

Mein Buch ist *mein* Beitrag zu einer Kommunikation, im Versuch der Begegnung mit dem immer Fremden, in mir selbst und im Anderen. Es versucht ihm Raum zu schaffen, um ein Begegnen zu ermöglichen, und den Bezug des Anderen zu seiner Geschichte zu ermutigen. Ich finde hier auch ganz stark die Motive meines Vaters wieder, aber es waren nicht eigentlich seine, sondern es sind die der Kunst.

Die Fiktion, die Dopplung der Welt in der Literatur ist nur eine andere Möglichkeit, eine andere Form, eine Welt zu errichten, an der die Bezüge der Welt, in der wir gemeinsam leben, deutlich werden, ohne dass eine reale Beziehung zu unserer Welt besteht. Die fiktive entlehnt zwar alle Parameter der Welt in der wir leben, ist aber letztlich nur mögliche Realität. Indem wir in einen Roman eintauchen, vergessen wir die Unterscheidung von Wirklichkeit und Fiktion. Was einen literarischen Text letztlich trägt, ist auch dieses Ungreifbare des Hintergrunds einer dargebotenen Welt, der uns bezüglich unserer geteilten Welt so selbstverständlich scheint und uns ihre Gültigkeit vermittelt. Das Imunklarenbleiben der Begründung einer Welt, was die künstlerische Sprache, also die Literatur im Fiktiven zulässt, ist was unsere Welt in Frage stellt und uns beim Lesen fesselt.

Wenn das Ich in der ganz eigenen Beziehung zu den Dingen zum Ausdruck kommt, sich selbst aber letztlich nicht ergründen lässt, bedeutet Literatur dann nicht auch, dass damit eine eigene Bezugnahme exemplarisch vorgeführt wird, aber hiermit wiederum keine Behauptung aufgestellt wird, alternativ zur geteilten Wirklichkeit? Somit wären die literarischen Texte Dopplungen und Fluchten in alternative Welten, von wo aus wir die geteilte Welt von außen sehen.

Und so käme im Unterschied dazu mein Text und die verbreiteten autobiographischen Texte aus der Erfahrung des einem nicht geteilten Selbst Ausgesetztseins, dieser unweigerlichen Gebundenheit. Und die aktuelle Konjunktur dieser autobiographischen Texte wäre begründet durch die neue Form der direkten substanziellen Bezugnahme auf ein solches Ich, das Wachrufen und die Möglichkeit des Teilens dieser für uns zentralen Erfahrung, die uns mit uns selbst konfrontiert. Sie spiegeln uns unser Ich als ein mögliches und führen uns in die Tiefe der Frage seiner Bestimmbarkeit.

Das Nichtverfügbare unseres Ich kann also Grundlage unserer Kommunikation sein, weil wir alle diese Erfahrung teilen und es uns damit einen gemeinsamen Spielraum lässt.

Die Kommunikation mit dem Vater gründete auch auf einer Praxis, in einer Gegenwart der Dinge, die uns gegenseitig als Fremde erfahren ließ. Aus dieser Erfahrung ergab sich ein Sprechen, das mich so mit niemandem sonst verband.

Es beruhte zuerst auf dem Beziehen auf die Dinge, das von mir kam und das ich anderseits an ihm wahrnahm, oder in seiner Bezugnahme auf mich erfuhr. Dieses Sichaufeinanderbeziehen geschieht immer aufgrund einer gemeinsamen Erfahrung an einem Ort. Für mich war es eine initiale.

Ich habe mich immer gefragt, was meine Texte im Rahmen meiner Arbeiten mit dem worauf sie sich beziehen zu tun haben. Ich habe im Buch auch geschrieben, ich hätte den Dingen durch meine ganz eigene Sicht etwas übergestülpt. Das war, was wir auch immer gemeinsam auf der Baustelle getan haben, vielleicht auch, weil wir an bestehenden Häusern arbeiteten, die, ebenso wie das, was wir verbauten, Fenster, Türen, Fliesen, Ziegel oder Balken aus Abbruchhäusern, immer schon eine Geschichte hatten.

Wo ist aber der Ort an dem meine Geschichten auf die geteilte Wirklichkeit treffen und also die Voraussetzung, dass sie sich verständlich machen, diese einholen? Was können wir teilen? Können wir nur bei dem Beziehen aufeinander und auf eine gemeinsame Umwelt ansetzen? Am Ort besteht immerhin die Möglichkeit der Überschneidung unserer Geschichten.

Das Verhältnis des Textes zu dem worauf er sich bezieht taucht auch im Buch hinsichtlich seines Bezugs zu meiner künstlerischen Arbeit auf. Ich habe es immer geliebt, mich angesichts eines Kunstwerkes mit anderen darüber zu unterhalten, was wir sehen. Der Vater hat das später noch gerne mit seinen Enkelkindern gemacht. Er wollte wissen, was sie sehen, suchte den Raum, sich mit ihnen darüber zu unterhalten. Was brachten sie aus ihrem vergleichsweise kleinen Horizont schon an Erfahrungen mit? Was machten sie daher aus dem Gesehenen? Oder angesichts abstrakter Bilder: Was könnte das sein?
Der Zugang ist in jedem Fall nicht naiv.

Ist es nicht überhaupt die Frage von Texten, auch und gerade von solchen, die sich *beschreibend* verstehen und auf Erinnerung berufen, was sie, aus dem, worauf sie sich beziehen machen? Ich habe das Bild von *Stille Post* bemüht. Es finden sich in meinem Buch subjektive Wahrnehmungen, also meine jeweils eigene Sicht von Ereignissen und Sachverhalten, die der Wahrnehmung anderer gegenüberstehen. Aber in der Erinnerung, in meinem Kosmos haben sie eine Realität mit allen Konsequenzen für mein Verhalten, das sich auf sie bezieht und stützt. In welchem realen Raum bewege ich mich dann aber und wie realisiert sich der zentrale Aspekt der Kommunikation, das Teilen. Hat die Kommunikation eine Voraussetzung, die immer mit einer geteilten Praxis in Verbindung steht, in der sich ihr Gelingen erweist? Schließlich treffen wir uns immer inmitten einer Welt, die wir nur zu einem gewissen Grad sprachlich teilen.

Wie können wir überhaupt mit dem Anderen kommunizieren und uns einigen? In der gemeinsamen Praxis mit dem Vater ließen sich Fremdheit und Gemeinsamkeit verbinden. Und ich habe mich bis zuletzt mit ihm unterhalten und es hat sich so herausgestellt, dass der Ort, an dem unsere gemeinsame Praxis stattfand für uns eine jeweils andere Bedeutung hat. Ist ein Ort, wo die vielen unvereinbaren Geschichten zusammentreffen, hier fällt mir wieder das Gipfelbuch auf dem *Kramerschopf* ein, und was haben die Dinge, an die wir unsere Geschichten heften, damit zu tun? Jetzt denke ich an die Ansammlung von Dingen aus der Geschichte der Familie, die sich für mich mit den verschiedenen Phasen und Orten verbinden, im oberen Stockwerk des kleinen Hauses in Wies. – Der letzte Wohnort der Familie, ein Museum.

Heißt das etwa, dass wir nur die Dinge selbst, indem sie nur auf sich selbst verweisen, teilen können und gleichzeitig, durch die Einbindung in die Geschichte jedes Einzelnen, immer offenbleiben muss, was sie jeweils für den anderen bedeuten? Die Minimal Art oder Konkrete Kunst hebt die Dopplung, den Verweischarakter in der Kunst auf („*What you see is what you see*", Frank Stella). Sie ist der radikalste Schritt hinsichtlich der Wahrheitsfrage, der sich in der Kunst vollzieht. Für mich eröffnete sie die Möglichkeit des Übergangs der Kunst ins Leben eben durch die Aufhebung und Infragestellung jeglicher Dopplung. Sie markiert einen Nullpunkt, von dem aus wir neu anfangen müssen oder können, die Welt zu teilen. Das bedeutet, eine zu schaffen. Durch ihren stiftenden Charakter hat sich die Kunst immer schon dem ihr zugedachten Wesenszug der Dopplung widersetzt. Ist der Aspekt der Dopplung der Welt erst Resultat der wissenschaftlichen Weltsicht, die die Wiedergabe beziehungsweise Interpretation der Wirklichkeit auf ihre Richtigkeit überprüft? Oder geschieht doch vielmehr die Vorbereitung der Wissenschaft und Technik in der Kunst? Zum Beweis dieser These wird oft Leonardo da Vinci herangezogen. Ein Teil unserer Erzählung über die Kunst.

Wollte die Kunst die Welt wiedergeben, deuten, und hat erst die strengere Wissenschaft den Wahrheitscharakter dieser Wiedergabe überprüft und mit dem Anspruch der Geltung verknüpft? War die Kunst erst in Verbindung mit Religion, Weltanschauung und Ideologie, also in Verbindung mit einer für sich Geltung beanspruchenden Weltsicht, stiftend? Wo haben sich Kunst, Wissenschaft, Religion, Weltanschauung und Ideologie geschieden? Wo kommt das Motiv der freien Dopplung der Welt, also nicht Wiedergabe, sondern subjektive, alternative Sicht der Welt und Verzicht auf Geltung in der Moderne her? Das Postulat der Zweckfreiheit der Kunst steht mit diesem modernen Verständnis der Kunst in Verbindung. Sie ermöglicht ihr die Autonomie.

Könnte man nicht andererseits fragen, wenn also die Kunst zweckfrei sein soll, warum es außerhalb der Kunst immer um Zwecke gehen sollte? Wird ihr ihre Autonomie nicht nur unter der Bedingung des sich Heraushaltens aus der Welt zugestanden? Hat sie sich mit dem Postulat ihrer Autonomie in Verbindung mit ihrer Zweckfreiheit nicht selbst entmachtet? Oder ist ihr Einfluss auf die Welt ein anderer? Verhöhnt sie mit dem Postulat ihrer Zweckfreiheit die banale, enge Welt der Zwecke?

Wie auch immer, der Vater hat wohl das Potential der Kunst gerade in ihrer Zweckfreiheit und ihr damit zugestandenen

Autonomie, also in ihrer Trennung von der Welt und damit ihrem Dopplungscharakter gesehen. Vielleicht spielte dabei auch eine Rolle, mit seiner Tätigkeit als Künstler dadurch nicht schuldig werden zu können. Ein zentrales biographisches Motiv für dieses künstlerische Selbstverständnis, war, wenn es so ist, möglicherweise für ihn und seine Generation die Auseinandersetzung mit der Katastrophe des Nationalsozialismus. Hier besteht kein Widerspruch zu dem was ich über die Verbindung von Leben und Kunst bezogen auf meinen Vater oben formuliert habe. Sein Leben war tatsächlich zu großen Teilen mit der Kunst verbunden und von ihr bestimmt, aber dieses Leben war insoweit eine Flucht in die Kunst. Ich mache dagegen seit jeher den Versuch, die Kunst ins Leben zurückzuführen.

Für mich stand die Frage im Zentrum, wer der Kunst sagt, was sie ist beziehungsweise wie weit ihre Selbstbehauptung in der Gesellschaft und damit ihre Relevanz für diese geht. Dabei sah ich die Rolle der Gesellschaft und der Kunstrezeption skeptisch. Muss sich diese Fragen die Kunst nicht immer wieder selbst stellen, kann sie sich, das heißt jeder Künstler, diese nur für sich selbst beantworten? Darin und in nichts anderem realisierte sich für mich ihre Autonomie und die des Künstlers.

Die Kommunikation besteht nur und funktioniert nur aufgrund der je eigenständigen Beziehung zum Wirklichen, die im Anderen und in uns selbst besteht. Und der Anspruch auf über uns hinausreichende Geltung, den die Gemeinschaft etwa in der Wissenschaft erhebt, den wir aber auch immer für uns selbst und über uns selbst hinaus in Anspruch nehmen, weil wir uns immer, mit dem essenziellen Motiv der Kommunikation mit anderen auf Dinge außerhalb von uns beziehen? Verbirgt sich hier der Grund für den Anspruch auf Geltung als Voraussetzung für ein Gelingen von Kommunikation?

Der Anspruch auf Geltung kann seine Wurzeln auch nur im Einzelnen haben, dem Ich, das allen unseren Vorstellungen vorausgeht, in seiner legitimen Inanspruchnahme der Geltung seiner individuellen, unverbrüchlichen Wahrheit, also Beziehung zur Welt. Auf dieses Ich und den Anspruch auf seine Anerkennung, wodurch es sich und seine Welt im Sinne der Selbstbehauptung nach außen projiziert, bezieht sich auch der Anspruch auf Geltung.

Sobald der Einzelne diese über sich hinaus behauptet und durchsetzt, wie immer begründet, beziehungsweise durch die Einbindung in ein bestehendes, abstraktes, anerkanntes System, entsteht ein Verhältnis von Macht. Diese Macht beruht aber nicht im Einzelnen, sondern im mehrheitlich anerkannten System. Dieser Macht entkommen wir wiederum nur durch unsere Freiheit, die sich immer wieder auf unsere eigene Wahrheit stützen muss.

Der Anspruch auf Geltung liegt im Einzelnen, dem Individuum in seiner Selbstbehauptung, in der Legitimität seines Anspruchs auf Individualität, den eigenen Zugang zu den Dingen, in dem sich nichts relativiert, sondern sich das Beziehen auf die Dinge realisiert. Der Geltungsanspruch ist nur ein Derivat dieser Selbstbehauptung.

Natürlich kann ich daher auch für die anderen nur etwas mehr werden der ich bin, wenn ich nach Außen trete, meine Sicht der Dinge und damit mich auf irgendeine verbindliche Weise vermittle und mit einer geteilten Wirklichkeit in

Beziehung setze, Anknüpfungspunkte biete. Aber die Rolle, die mir dadurch zuwächst, fügt mich jeweils sogleich in das geltende System, aus dem ich doch eigentlich immer heraustreten muss, um etwas von mir preiszugeben, aus dem ich wiederum auch den anderen herauslösen muss, um ihn als Fremden und so überhaupt sehen zu können.

Hierin liegt schließlich auch die Überschreitung meines Buches, das Ausderrollefallen, auch in dem Motiv, es zu veröffentlichen, in seiner ganzen Intimität der Öffentlichkeit preiszugeben, mich mit der Wahrnehmung der Anderen, im doppelten Sinn, zu konfrontieren. Es bietet etwas an, investiert in eine Kommunikation, die beide Seiten ganz elementar betrifft. Die direkte Kommunikation würde diese Investition auch vom anderen fordern, das Buch tut dies nicht, schafft wie jegliche Kunst eine Asymmetrie, die den exklusiven, individuellen Zugang des Künstlers zu einem exklusiven in der Gemeinschaft stilisiert.

Warum frage ich nach dem Verhältnis meiner Texte zu literarischen Texten? Gibt es nicht unendlich viele literarische Zugänge, eben auch die literarische Form des autobiographischen Romans? Also warum sollte ich meine Texte nicht einfach auch als literarische begreifen? Da ist die Vermutung, dass sie im Kern von einem spezifischen Zugang ausgehen, der aus meinem frühen Zeichnen und dem darin beruhenden Verstehen der Umwelt, ihrer spezifischen visuellen Aneignung kommt, und so meine künstlerische Arbeit gewissermaßen verlängern. Wie das Zeichnen, so ist auch mein Schreiben der Versuch einer Präzisierung von

Wahrnehmungen, ein Einkreisen und Befragen der Dinge, ein Inmichhineinhören, Mäandern und Einkreisen von Gedanken, nicht mit dem Ziel, Feststellungen zu machen, sondern mich zur Welt in ein Verhältnis zu setzen.

Warum ist für mich aber die Frage, mein Schreiben, das mit dem Buch auch einen neuen Weg beschritten hat und den Bezug auf mich selbst nimmt, zu verstehen, um es in ein Verhältnis zu meiner sonstigen Arbeit zu stellen? Hat das Schreiben durch seinen Anlass nun nicht auch eine andere Bedeutung für mich, die mit dem Künstlerischen nichts mehr zu tun hat? Wie könnte das sein, dass es sich also von dem abspaltet, das doch meinen ganzen bisherigen Zugang zur Wirklichkeit bestimmte? Und nach diesem Bezug der Kunst zur Realität, der Verbindung von Kunst und Leben habe ich doch eigentlich immer gefragt.

Im Buch besteht der reale Bezug zu meiner Vergangenheit, die ersten zwanzig Jahre meines Lebens, Kindheit und Jugend. Jede Realität bietet immer Anlass zur Befragung, auch oder gerade die erinnerte oder überlieferte und gerade die, die so eng mit mir verbunden ist. Das Fragen kommt wohl tatsächlich aus meiner frühen Befragung der Realität durch das Zeichnen, wie ich es auch im Buch beschrieben habe. Das Zeichnen war wie meine künstlerischen Arbeiten später und wie das Schreiben kein Doppeln. Sein Gegenstand ist zu allererst das Fragwürdige. Dieses Befragen, das im Zeichnen geschieht, ermöglicht auch, etwas Anderes in einem Ding zu sehen, eröffnet einen Weg. Wie das Überliefern in der Sprache, das immer selektiv ist, ist es produktiv. Diese Orientierung am Fragwürdigen ermöglichte mir, mich in einer Welt, und ermöglicht mir jetzt mich schreibend in meiner

Geschichte einzurichten. Dieses Einrichten kommt also aus der Konfrontation mit dem Fragwürdigen und versucht sich dem Unverfügbaren, zu dem auch das Vergangene gehört, zu entwinden, ohne festzustellen. Und so hat an diesem produktiven Erinnern großen Anteil auch das Vergessen. Nur das Vergessen, das Beruhenlassen meiner Geschichte im Vergangenen ermöglicht mir, mich aktiv selbst zu verstehen, mich aus den vergangenen Bezügen zu lösen, ermöglicht mir eine Gegenwart, in der das Buch in der Begegnung mit dem Vater ankommt und in der mein Schreiben sich fortsetzt.

Ich habe mich gefragt: Was sollte die Leser eigentlich an meiner Geschichte interessieren, reichte der Bezug zur Kunst und immer wieder die Frage danach was wir teilen, als Motiv hin, sie zu veröffentlichen? Das Buch bietet schließlich nicht die Biographie einer *bedeutenden* oder *bekannten* Persönlichkeit, an der sich das Leservolk mit seinen, selbst so beurteilten, *durchschnittlichen* Biographien ergötzt.

Ich habe gefragt, worin die Faszination für die neuen autobiographischen Texte besteht, deren Verfasser vorher auch niemand kannte, die der Leser erst mit dem Text kennenlernt. – Zumindest suggerieren die Texte so ein Kennenlernen.

Ist es die Lust am anderen Ich, an einem realen anderen Leben Teil zu haben, eine Art Voyeurismus? Verbinden sich hier das Reale mit dem Möglichen? Also die Möglichkeit sein eigenes Leben in einem anderen, das man auch hätte leben können zu spiegeln. Es handelt sich zunächst – aber inwiefern? – nicht um Fiktion. Besteht hier eine direktere Beziehung zwischen Wirklichem und Möglichem? Eröffnen die Geschichten anderer den Zugang zu uns selbst, unserer eigenen Wirklichkeit und damit der mit ihr durch unser Ich verknüpften Möglichkeit? Welcher Raum tut sich hier auf? Nicht der einer parallelen, fiktiven Welt, in die wir uns flüchten. Ein Raum, der uns mit uns selbst konfrontiert, den wir andererseits, angesichts der Frage nach unserem Ich, alle teilen.

Besteht das Problem und die Zumutung meiner Geschichte nur für die, die mich kennen, weil sie sich durch den persönlichen Kontakt aufgefordert fühlen, in der Kommunikation etwas zu erwidern, von sich zu investieren?

Der Autor eines autobiographischen Textes bleibt für den Leser trotz allem immer fremd. Dieses Fremdsein nimmt vom Leser die Erwartung. Leser und Autor haben nichts miteinander zu tun. Liegt die Spannung in dieser Diskrepanz zwischen Vertrautheit und Fremdheit, ein Umstand, der uns in Bezug auf die Menschen in unserem näheren Umkreis, die wir zu kennen glauben, irritiert.

Was führt uns das andere reale, fremde Leben unseres direkten Gegenüber vor?

Meine Geschichte ersetzt den Begriff der Fiktion durch den der Möglichkeit. Die „Orte möglichen Wohnens" meiner autobiographischen Geschichte waren doch für mich *Orte realen Wohnens.*

Meine Wirklichkeit, deshalb der Titel, ist auch immer eine von unendlich vielen Möglichkeiten, aber eben nur eine.

Nicht jede Möglichkeit wird Wirklichkeit, aber jede Wirklichkeit ist Möglichkeit, muss Möglichkeit sein, um Wirklichkeit zu sein.

Wirklichkeit ist eine Möglichkeit, die wir nicht sehen bevor sie Wirklichkeit wird. Das liegt daran, dass wir nicht in die Zukunft sehen und uns, was im nächsten Moment Wirklichkeit ist, nicht ausdenken können. Es beruht immer im Nichtverfügbaren. So wird Wirklichkeit erst möglich, indem sie Wirklichkeit wird.

Die Zukunft überrascht uns mit einer Wirklichkeit, die vorher nicht Möglichkeit war, fegt weg, was wir uns ausdenken können, wenn wir uns ihr öffnen. Die Wirklichkeit selbst zeigt uns durch die Zukunft, dass nichts sicher ist, feststeht. Das heißt, die Wirklichkeit selbst zeigt uns die Möglichkeit auf. Die Kunst erinnert uns nur daran, dass nichts feststeht und festzustellen ist. Wirklichkeit ist immer stärker als die Möglichkeit, die uns die Kunst aufzeigt. Jeder Künstler würde immer zugestehen, dass er was wirklich ist in seiner Fülle so gar nicht erfinden könnte. Seine Leistung ist aber, dies so zu sehen, und unsere Wahrnehmung und unser Bewusstsein erst in der Weise auf die Wirklichkeit zu lenken. Ist es aber eventuell nur ein Erinnern an etwas, gegen das wir uns im System unserer Welt verschanzen, weil es uns auch Angst macht?

Wirklichkeit lässt uns nicht leben ohne die Möglichkeit, die uns erlaubt, uns in ihr einzurichten.

Das Formulieren einer Möglichkeit ist der Beitrag zur Wirklichkeit, den wir leisten, um in ihr Halt zu finden. Mehr liegt nicht in unserer Macht und weiter können wir uns der Wirklichkeit nicht nähern. So können wir uns aber von ihr, ihren Zumutungen zu einem gewissen Grad schützen und sie vermeintlich im Griff behalten.

Die Kunst beschäftigt sich eigentlich nur damit, wie das geschieht. Es geht ihr also nicht um die Formulierung einer Welt, sondern das Wie ihrer Aneignung, des Halt Findens.

Die größte Kraft der Wirklichkeit und ihre Zumutung ist aber die Zukunft. Wir haben sie niemals im Griff.

Zur Wirklichkeit gehört die Möglichkeit, sonst könnten wir in ihr nicht leben. Sie ist unsere Freiheit. Wir müssen auf ihr beharren. Ansonsten wären wir der Wirklichkeit ausgeliefert.

Aber diese Möglichkeit zeigt sich nur immer ganz nah an der Wirklichkeit, an Brüchen und Erschütterungen.

Darin liegt die Dramatik und die Kraftanstrengung des Festhaltens an unserem Ich, die wir nur zu gut kennen und vor der uns die Autofiktion zurücktreten lässt und uns, in der Nähe des Realen, Raum schafft.

Meine Geschichte ist keine Dopplung, schafft keine parallele Welt. Sie versucht sich und die Kunst in die Welt einzuschreiben und sucht dafür die Mittel.

WIE WEITER? II

Ein Sonnentag in Frankfurt. Es ist für die Jahreszeit sehr warm, fast heiß. Der Tod des Vaters ist nun schon mehrere Monate her. Das Ende des Winters, der kein richtiger war, und den Frühling hat er schon nicht mehr erlebt. Ich bin zuletzt zwischen Wies und Frankfurt gependelt. Möglichst einmal im Monat wollte ich hinfahren. Es ging darum sich zu kümmern, perspektivisch zu entscheiden, was mit Wies geschehen sollte.

Was war inzwischen passiert? Bei allen Einsichten, die mir sein Tod eröffnet hat, habe ich immer noch nicht realisiert, dass er nicht mehr da ist, der Vater. Stattdessen habe ich mich in Gedankenwindungen bewegt, die für mich ausdrücken, was durch die Begegnung mit ihm, sich mir erschloss und ich für mich weiterentwickelte.

Was sind also die Konsequenzen, die sein Tod für mich hat? Was fordert er von mir, oder ist es am Ende einfach so, dass ich mich mit der neuen Situation abfinden muss, wodurch es einfach weitergeht? Ist nicht letztlich das Erschreckende am Tod, dass er mehr oder weniger unvermittelt eintritt, gar nichts Besonderes ist, jeden betrifft, jeden jederzeit treffen kann, zu jenem Nichtverfügbaren gehört, das unser Leben insgesamt bestimmt, das uns alle gleichmacht, uns eben daran erinnert, dass wir uns am Ende in nichts unterscheiden, brutal aus unseren Illusionen reißt? Er macht uns Angst, lässt uns allein mit unserem Ich. Sagt uns nichts weiter. Dem einen nimmt er das Leben, den anderen, die so mittelbar mit ihm konfrontiert sind, die Illusion, sich in irgendeiner Weise von dieser banalen Bedrängnis ausschließen zu können. Und er ist schlicht endgültig und zu akzeptieren.

Ich bin so verwundbar wie alle. Auch ich könnte gestorben sein, auch ich könnte, von außen betrachtet, zu den Namenlosen gehören, die jeden Tag ohne eigenes Verschulden dem Tod auf der Straße, dem Virus oder einer brutalen sinnlosen Tat zum Opfer fallen. Lassen wir diesen Gedanken nicht zu, weil er uns schutzlos sein lässt? Aber er läutert uns auch und ich empfinde darin auch irgendeine Versöhnung, vielleicht sogar einen gewissen Trost angesichts des Todes des Vaters. Der Gedanke der eigenen Verwundbarkeit gibt uns auch den Raum unser Leben und Dasein neu zu bedenken. Mich betrifft Parkinson. Warum nicht? Warum sollte ausgerechnet ich davor gefeit sein?

Durch das Virus, das uns alle nun schon Monate im Bann hält – und wir wissen nicht was kommt –, besteht vielleicht auch die Möglichkeit einer solchen Besinnung für die Gesellschaft. Auch sie wird bedrängt durch die Frage ihres Selbstverständnisses, auch sie muss sich fragen: Worauf stützt sich die Gemeinschaft, wie verstehen wir unser gemeinsames Leben?

Die Gesellschaft, wie sie sich selbst versteht, ist ebenso verletzlich, angreifbar – alles, was wir bisher als selbstverständlich angesehen, woran wir uns gewöhnt haben.

Die Zeit ist kein Kontinuum wie wir sie gerne sehen, in dem wir aufgehoben sind. Sie begegnet uns in dem, was sie mit sich bringt – ein Teil von ihr ist eben Zukunft – nicht verfügbar und unter Umständen zerstörerisch. Wir stemmen uns mit aller Kraft gegen die Gefahr, mit der sie uns immer konfrontiert – die Gefahr ist immer etwas Zukünftiges –, weil sie als das Offene in der Lage ist, die Geschichte, die Wirklichkeit, in die wir uns eingerichtet haben, aus den Angeln zu heben.

Die Meldungen in den Medien sind voll von den neuesten Nachrichten über die weltweite Verbreitung des Corona-Virus. Eine Bedrohung für unser Leben und unter einem andren Blickwinkel eine Gefahr für die Wirtschaft, Gesellschaft, oder am Ende gar die Zivilisation.

Ich finde mich wiederum an meinem Schreibplatz, auf meiner Insel, umgeben von der Welt, in der dieses nun aufgerüttelte und gleichzeitig stillgelegte, oder zumindest heruntergefahrene Leben stattfindet. Die Distanz, die Isolation meines Ich erlaubt mir wieder meinen eingeübten Zugang. Ich wende meine Methode jetzt wiederum auf die Gemeinschaft, die Gesellschaft an. Hat diese Distanzierung jetzt etwas Zynisches?

Alle reden nur noch von der Pandemie. Das Virus ist die große Unbekannte. Experten wissen so viel wie Laien, gestehen dies zu und wirken dadurch seriös und glaubwürdig. Sie beschäftigen sich aufgrund früherer Erfahrungen mit Epidemien, unermüdlich mit der neuen Situation. Dabei gab es bisher, zumindest sehen wir es jetzt so, nichts Vergleichbares. Wir hängen an ihren Lippen und vertrauen auf die Politik. Welche Beobachtungen können schon geteilt, als Erkenntnisse betrachtet werden?

Die Börsen stürzen ab. Die Weltwirtschaft bricht zusammen, weil man teilweise nicht arbeitet, das gesellschaftliche Leben, seine Reproduktion herunterfährt, sich irgendwie rational und konsequent zu verhalten versucht, in dem Glauben, natürlich nur damit, wenn überhaupt, etwas gegen die Ausbreitung der Krankheit, über die wir noch so wenig wissen, zu bewirken. Welch bizarre Situation! Natürlich, nur die Rationalität kann als Menschen unsere Rettung sein.

Es geht darum, das Leben aller und vor allem Kranke und Alte zu schützen. Der Schutz der anderen und der Selbstschutz lassen sich plötzlich nicht mehr getrennt voneinander sehen. Haben wir das als Menschen nicht immer gewusst, uns nur nie danach verhalten, gewusst, dass wir alleine nichts sind. Könnte das für die Gesellschaft, generell im Verhältnis zu unserer Umgebung zu einer Einsicht führen, also einer Einsicht in das, was wir doch immer wussten?

Erstmal tut es das scheinbar nicht. Oder zu leise.

Stattdessen mehren sich Stimmen, dass unsere Freiheit unrechtmäßig eingeschränkt wird. Um welche Freiheit geht es hier? Endet nicht die eigene Freiheit dort, wo sie die des anderen einschränkt? Und das tut sie unter Umständen auch, indem sich eine Krankheit überträgt, die uns mit dem Tod oder schwerwiegenden, irreversiblen Folgen bedroht. Überträgt uns unsere Freiheit nicht auch eine große Verantwortung?

Wir versuchen, vor allem die Alten und gesundheitlich Vorbelasteten zu schützen, gar nicht mal so sehr uns selbst. Erst an den Anderen denken zu können, und nicht immer zunächst an sich, ist das nicht auch Freiheit? Gehört zur Freiheit nicht auch ein Stück Generosität, Großzügigkeit? Ist sie es nicht, die auch dem Anderen Raum lässt? Hat uns nicht, wenn, dann dieses Zugeständnis seitens unserer Umwelt allen ursprünglich unsere Freiheit geschenkt?

Verhält sich aber unsere Gesellschaft so, im Sinne ihrer eigenen Prinzipien? Wir riskieren Hunger, den Tod von Milliarden Menschen, den der weltweite wirtschaftliche Einbruch wohl zur Folge haben wird, vor allem in den armen Ländern, an die kaum einer denkt. Tatsächlich sind die Konsequenzen unseres Selbstschutzes absehbar.

Wir können uns letztlich nur schützen, indem wir alle schützen. Welches Selbstverhältnis bestimmt uns wirklich? Geht es uns vor allem um unser eigenes Seelenheil, jedem Einzelnen? Nehmen wir dieses in den sogenannten entwickelten Gesellschaften zu ernst? Ist da eine Hybris? – Was leitet uns? Wie fassen wir unsere Existenz? Nimmt die Sorge um das Selbst abstruse, selbstzerstörerische Formen an? Wie sehr ist unser kleines Leben und unsere Selbstinszenierung in der sogenannten westlichen Welt, die sich auf Freiheit und Demokratie beruft und sich damit auch moralisch überlegen wähnt, zu einem Monster geworden und basiert doch eigentlich auf Unterdrückung und Zerstörung? Müssen wir uns nicht wiederum von *diesem* Selbst befreien?

Wollen wir, dass der Tod nicht mehr zum Leben gehört, ihn endgültig ausradieren und zerstören uns am Ende selbst, und unsere Umwelt, aufgrund unserer Selbstsucht? Wir wollen den Tod überwinden, unsere gesamte Kultur zielt auf diese Anstrengung, darin unterscheidet sich unsere wissenschaftsgestützte nicht von vergangenen mythologisch gegründeten Welten, aber sie beabsichtigt dies im Diesseits. Dieses letzte Ziel, die Naturgesetze aufzuheben, die sie selbst zu solchen erhoben hat. In denen sie sich nun verstrickt?

Ein Land mit Achtzigmillionen Menschen ist nicht in der Lage ein paar Hundert Flüchtlingskinder aufzunehmen. Fürchten wir wirklich nur noch um unser Leben? Verlagern wir, wie immer, das Problem, seine Ursache nach außen? Schicken wir uns in den wohlhabenden Ländern schon an, uns gegen die Rache der Milliarden von Unterdrückten und Ausgebeuteten in Stellung zu bringen? Der Weltkrieg des 21. Jahrhunderts? Bereiten wir uns auf die Schlacht gegen die Ärmsten vor? Ihre Zahl wird steigen.

Der Einzelne delegiert Verantwortung, die Gesellschaft verfolgt weiter Strategien, deren Folgen ausgeblendet werden.

Ist nicht der Krieg gegen die Flüchtenden die Behauptung eines Selbst, das sich damit verleugnet, seine Werte, seine Moral? Und ist Corona jetzt unser Armageddon? Oder bin ich derjenige, der nicht mehr versteht, der den Realitätsbezug verliert und inzwischen zynisch denkt? Ist das alles gar nicht so ernst gemeint, wie ich es nehme? Oder aber befindet sich die Gesellschaft unter einer Glocke und gelingt ihr die Distanz zu sich inzwischen so wenig, wie dem Einzelnen der echte Bezug zu seinem Selbst? Wir haben uns immer gemeinsame Geschichten erzählt und sie haben funktioniert. Haben wir uns inzwischen längst in der kleinteiligen Betrachtung der Wissenschaft verloren, uns völlig verzettelt und vereinzelt, und dabei den Blick für das Ganze für die Frage von Werten und Maßstäben verloren? Unser Denken erklären wir in den Neurowissenschaften, unsere rationale Gehirnleistung versuchen wir fehlerfrei digital zu substituieren. Wir lassen das Flüchtlingskind sterben und kümmern uns um unseren Body-Mass-Index, unsere Work-Life-Balance, unser körperlich-moralisches

Seelenheil und darum, dass Tiere, die sonst gar nicht leben würden, weil wir sie für unsere Ernährung züchten (Das ändert natürlich nichts an ihrer Kreatürlichkeit. Aber wie hat sich diese in unserer Sicht verwandelt? Was sind unsere heutigen Kriterien?) sterben müssen. – Und wenn Menschen das müssen?

Wir bekümmern uns um unseren ökologischen Fußabdruck und umkreisen jeder, als Kinder einer globalen Moderne, die wiederum Kinder zu den Galionsfiguren ihrer Zukunft stilisieren, in seinem Leben zehnmal die Erde, tun das auch tatsächlich mit dem Flugzeug – aus purem Mangel an Sinn? Wie finden wir ihn? Eventuell jeder in seiner Geschichte? War das nicht auch Motiv meines Buches, diese Notwendigkeit letztlich für jeden zu unterstreichen, also auch ein politisches?

Jetzt bin ich mit solchen Gedanken allein. So hätten wir, der Vater und ich, hätte er die Pandemie noch erlebt, vielleicht gesprochen. Dieser Duktus in den Gesprächen allerdings war zuletzt eher meiner. Wir hatten aber ein Einvernehmen darüber, wie wir die Dinge in unseren Gesprächen thematisierten, uns gemeinsam von der Gesellschaft absetzten, nicht eigentlich diskutierten. Dieses Einvernehmen kennzeichnete unsere Begegnung. Es ging dabei um eine Haltung gegenüber den Dingen und wie sie in der Gesellschaft verhandelt werden. Worin bestand dieser gemeinsame Standpunkt? Kam diese stetige gegenseitige Vergewisserung aus unsrer jeweiligen Verstrickung in der Kunst, aus der Distanz zur Welt und der gegenseitigen, in der wir uns begegneten? Bekam ich durch diesen Abgleich der Wahrnehmung seine Zustimmung, die ich suchte?

Nein, es ging mir mit dem Buch nicht egoistisch um mein Schicksal, und ich wurde nicht plötzlich Opfer einer Art Selbstsucht. Der Vater konnte das nicht wirklich glauben und daher das Buch beargwöhnen. Er hat auch, mit Blick auf die wenige, ihm verbleibende Zeit, geäußert, dass er das, also das sich mit seinem Tun in der Weise beschäftigen, diese Klärung, längst selbst hätte angehen müssen, aber dass er das wohl am Ende nicht mehr schaffen würde, dass es dafür zu spät sei. Er hatte also verstanden, dass es mir um eben diese Klärung ging, ein Sichfinden angesichts der Maßgaben der Gesellschaft, eine künstlerische Selbstbestimmung, die in der einen oder anderen Form immer zur Kunst gehört, aber auch über sie hinausweist. „Du bist der intellektuellere von uns beiden", hat er zuletzt in unseren Gesprächen immer wieder geäußert. War ich in seinen Augen also der, der seine Arbeit stärker reflektiert? Hat er mich aber nicht in diese Lage gedrängt, durch die Erfordernis der Abgrenzung gegen ihn? Hat er nun empfunden, dass ich einen Schritt weiter, ihm einen Schritt voraus war? War da eine Eifersucht bezüglich des Buches? Oder hat er damit einfach anerkannt und zugestanden, dass dies, das Intellektuelle, nicht sein Terrain war?

Da war zum Schluss nicht mehr die harte Konkurrenz, er wurde weicher. Da war eher etwas, was er mir vielleicht jetzt neidete. Gerade aufgrund der Fragen, die ihn zuletzt so beschäftigten, das Résumé seines Lebens.

Er spürte aber vor allem, dass ihm die Zeit fehlte. Am Ende hätte er es natürlich doch wieder auf seine Weise tun wollen und müssen. Das wusste gerade er nur zu gut.

Ich habe ihm auf seinen Wunsch ein Aufnahmegerät mit Speicherkarte besorgt, damit er seinen künstlerischen Weg rekapitulieren, die für ihn wesentlichen Fragen formulieren, festhalten könnte. Zu diesem Ergebnis kam unsere gemeinsame Überlegung, wie er dies tun könnte.

Ich habe die Aufnahmen, wenn es denn welche gibt, bis jetzt nicht angehört. Ich glaube, ich könnte es auch jetzt noch nicht.

Es ging bezogen auf die aktuellen Geschehnisse, in der Art unserer Betrachtung nicht darum, aus einer *überlegenen* Position, von außen, die Dinge zu beurteilen, es gewissermaßen besser zu wissen. Es ging vielmehr um eine gemeinsame Suche, das sich einer Haltung Vergewissern, das uns verband, auch nicht eigentlich um tagespolitische Fragen, um den politischen Streit. Es gab weder Streitpunkte noch Antworten. Es ging vielmehr wiederum um die Grundlage unserer Kommunikation.

Der Streit: Die Mehrheit oder eine Minderheit deutet immer auf den jeweils anderen Teil der Gesellschaft. Von woher? Natürlich aus dieser selben Distanz, die uns allen unser Ich ermöglicht? Der distanzierte Blick, der sich aus dem Ganzen herausnimmt, er ist am ehesten vergleichbar mit dem phänomenologischen Zugang, zeigt mir, statt einer überlegenen Beurteilung, aber vielmehr: Es sind nicht jeweils unterschiedliche Teile der Gesellschaft, es sind ein und dieselben Menschen, die selbe Gesellschaft, deren Mitglieder allesamt, einschließlich mir, den Kontakt zu etwas in ihrem Selbst verloren zu haben scheinen und verzweifelt nach einer Orientierung suchen. Ist nicht die *künstlerische Distanz* auf andere Weise gleichzeitig sehr nah dran, kann nur diese Distanz wieder Nähe und einen Sinn schaffen, der mit dem Selbst verknüpft ist? Doch wo kommt die Möglichkeit zu dieser Distanz her? Diese Distanz schließt mich mit ein, schafft gerade eine besondere Nähe zu mir, ermöglicht mir mich selbst in den Blick zu nehmen, als Stellvertreter aufzutreten, wie es der Künstler immer tut, wodurch er nur uns allen etwas zu sagen hat.

Zwei zeitlich weit auseinanderliegende Figuren unserer abendländischen Selbsterzählung, Odysseus und der Maler William Turner, lassen sich an einen Schiffsmast binden, um eine Erfahrung machen zu können, die sie ansonsten einer lebensbedrohlichen Gefährdung aussetzen würde, mit dem Unterschied, dass Ersterem damit eine ästhetische, ja beinahe „intime" Erfahrung möglich wird, während die gleiche Vorkehrung Letzterem ermöglicht, stellvertretend für uns eine Erfahrung zu machen, die er uns schließlich nur in seinen Bildern überbringen kann.

Was lässt mich andererseits aber an der Wirklichkeit, in der unser Leben tagtäglich ungefragt stattfindet, festhalten? Wir werden ja nicht um unser Einverständnis gebeten. Es ist die Möglichkeit, dass es so ist, wie uns die vermeintliche

Wirklichkeit glauben macht. Die Möglichkeit negiert die Wirklichkeit nicht, will sie auch nicht widerlegen. Die Wirklichkeit und die Gemeinschaft lässt mir immer auch den Ausweg aus einer zu starken Fixiertheit in meiner einsamen Welt, aus meiner zu scharfen Wahrnehmung, die ich schon als Kind mit dem Zeichnen eingeübt hatte. Die Geschichten, die ich mir parallel erzählt habe, und die Möglichkeit, die die Wirklichkeit eröffnete, ließen mich mit mir allein sein. Aber was fixiert mich so sehr? Ist es dieses in mich eingesenkte Lot meines Ich, dem ich nicht entkomme, dem ich mich aus irgendeinem Grund so intensiv aussetze, mich konfrontiere?

Der Tod lässt uns in der Beziehung zu anderen Menschen endgültig allein zurück. Diese Beziehung erschöpft sich nicht in der einfachen Begegnung zweier Menschen, sie bildet einen größeren Kontext, der mein Leben bestimmt. Der Tod des Vaters löst mich aus einem für mich zentralen Kontext, was mir erlaubt, in einer neuen Form zu mir zu kommen.

Ein in mir liegendes Nichtverfügbares erhält einen neuen Raum, erlaubt mir ein Inmirstehen und damit auch ein neues Kommunizieren, ein mit dem Schreiben nach außen Treten.

ABSCHIED VOM VATER II

Anfang Juni, wieder in Wies. Späte Dämmerung. Ich hielt mit dem Auto wie immer knapp vor dem Haus, der Motor verstummte, die Scheinwerfer trafen die vertraute Fassade bevor sie erloschen. Das Haus stand kalt. Es hatte die letzten Tage geregnet und es war kühl geworden. Angesichts der letzten trockenen, heißen Sommer eine beinahe ungewohnte Erfahrung, die mich an frühere Sommer denken ließ und damit wiederum das Erinnern wachrief.

Verregnete Kindersommer auf dem Land, die uns zum Stubenhocken zwangen, in denen die Zeit aussetzte im Zeichnen.

Und dann, wenn die Wolkendecke aufriss, eine völlig neue Welt, eine Pfützenlandschaft, in der sich unsere kleine Welt, die vier Anwesen und die große Kirche in der Einöde, der Ort meiner Kindheit, den ich im Buch intensiv beschrieben hatte, scharf spiegelte, die uns, die wenigen Kinder, hinaustrieb und Geschichten und die Erschließung neuer Länder und Kontinente heraufbeschwor.

Da war es wieder, das Empfinden, dass hier auf dem Land alle Wahrnehmungen eindrücklicher sind. Oder rührte auch diese Empfindung aus der Erinnerung und letztlich der Kindheit her, in der wir alles intensiver wahrnehmen?

Für mich gab es diese Verbindung der Kindheit mit dem Land. Hier achten wir auf Kleinigkeiten, in denen wir uns leicht verlieren, sehen dabei oft nicht die großen Zusammenhänge. Die gehören zur Perspektive der Stadt. Doch an den kleinen Dingen kann sich Welt neu aufspannen. So ist es im kindlichen Spiel. Wir kennen die wirklichen Zusammenhänge noch nicht. Die kleinen Dinge provozieren das genaue Hinsehen. Und dieses verwandelt die Dinge.

Hier richten wir uns ein in *Orten möglichen Wohnens*.

Wir packten unsere Sachen aus dem Auto. Das Gras auf dem größten Teil des Grundstücks war hoch, dunkles saftiges Grün. Die wuchernden Sträucher und kleinen Schösslinge von Bäumen, bedrängten das kleine und das große Haus bereits wieder wie eine Wildnis, die sie angriff und zurückgedrängt werden musste, wollte man die Substanz erhalten. Ich hatte sie erst im letzten Sommer zurückgeschnitten, während der Vater, so erinnere ich mich jetzt, auf einem weißen Plastikklappstuhl auf der Wiese saß und mir bei der Arbeit zusah.

Zum Schluss hatte ich die dünnen Äste mit dem Laub zu einem Haufen hinter dem Schuppen aufgetürmt. Die etwa faustdicken Stämmchen schnitt ich auf eine Länge, auf knapp zwei Meter – ich nahm immer den letzten Stamm einer Charge als Maß für die neue – so dass sie der Länge nach in den Anhänger, den wir für das Auto hatten, passten. Der Vater schätzte diese Systematik an mir und beobachtete mein Tun mit Wohlwollen. Er wusste, dass es keine sture Systematik war, sondern dass es dabei auch ästhetisch um eine Klärung ging.

Jetzt legten der Vater und ich mit den zum Teil krummen und unterschiedlich dicken Hölzern Bilder auf der von den

Bordwänden eingefassten, rechteckigen Ladefläche und machten in der abendlichen Sonne Fotos. Unsere Beschäftigung mit den pragmatischen Erfordernissen hatte immer diese Ebene. – Eine unserer letzten Begegnungen.

Ich drehte den Schlüssel hart kratzend im Schloss des rechten Flügels der zweiflügligen roten Eingangstür des großen Hauses. Der Druck, den ich dabei auf den Schlüssel ausübte, ließ die beiden Flügel gegeneinanderschlagen. Ich drückte die quietschende Klinke nach unten und sogleich ließ die Entspannung, die durch das Zurückschieben des Riegels entstand, die Tür beinahe von selbst aufspringen. Innen stand die kalte Luft im Halbdunkel, als würde, je länger der Vater weg wäre, alles noch mehr und mehr erkalten. „Hallo Papa", sprach ich in die Leere. Es kam kein „der Pez" zurück.

Als Erstes entzündete ich wieder die Kerze auf dem Küchentisch und erinnerte mich der Wärme seiner Begrüßung. Doch ich betrachtete, so bemerkte ich gleichzeitig, die Dinge im Raum nun anders, es war jetzt meine, unser aller, die jetzt noch Familie waren, Angelegenheit. Konnte hier ein neuer Ort entstehen? Der Vater, die Dinge seiner näheren Umgebung und die Erinnerungstücke der Familiengeschichte waren allgegenwärtig. Wie musste das alles jetzt behandelt werden, ohne es blindlings dem Vergessen anheim zu geben?

Die Batterien im Wecker in der Küche, wo er immer saß, in den letzten Jahren viel allein, hatten den Vater überdauert, trieben den roten dünnen Zeiger in regelmäßigem schnellem

Takt und die beiden etwas dickeren, den langen und den kurzen schwarzen, langsam weiter an und überließen, wie sie es immer tun, den größten Teil der Zeit, die sie maßen, und was in ihr passierte dem Vergessen.

Der Vater sagte einmal: Wenn man sein ganzes Leben filmen würde, müsste man nochmal so lange leben, um sich den Film anzusehen. Doch was würde man, wenn das denkbar wäre, sehen, würde man vieles erst jetzt registrieren, oder ganz anders sehen? Natürlich. Wir würden uns auch mit Sicherheit über unsere Erinnerungen wundern.

Wir trugen unser Gepäck durch das nasse Gras, das der Nachbar zur Straße hin immerhin vor einigen Tagen, vielleicht einer Woche, mitgemäht haben musste, zum kleinen *Häusel*, wo wir uns in der gewohnten Situation wieder einrichten würden. Die Stimmung war, wohl durch das Wetter, etwas gedämpft. Wir wollten ein paar schöne Tage hier verbringen und es regnete. Besserung war immerhin angekündigt. Auch im kleinen Häusel wirkte alles klamm und ich begann, nachdem wir Licht gemacht und ich die Sicherungen für den Warmwasserboiler angestellt hatte, im Ofen Feuer zu machen, während S. die Folien von den Matratzen zog, in die wir sie wegen der Mäuse immer einpackten, und das Bettzeug aus der großen roten, dicht verschlossenen Blechkiste holte.

Über die Erinnerung legte sich seit den letzten Besuchen mehr und mehr ein Schleier, alles war plötzlich real. Oder war es umgekehrt, der Schleier der Erinnerung zog sich von den Dingen zurück?

Nach und nach würde sich eine neue Zeit, die Zeit nach Vaters Tod, der Dinge bemächtigen, sie Schritt für Schritt aus den Bezügen des Vergangenen lösen, für Neues freigeben, und uns doch immer irgendwie erinnern, wenn wir innehalten, dies bewusst tun. Wir werden uns freuen und wir werden traurig sein.

Das Forschen und Untersuchen, die Begegnung mit der Wirklichkeit geschieht in der Kindheit und zu jeder Zeit in der Gegenwart, das sich Erinnern ebenso, aber das Erinnern nimmt die Dinge ein zweites Mal zur Hand, veranlasst ein Entscheiden, macht es nötig. Worum geht es bei diesem Entscheiden? Es geht darum, was für einen selbst wichtig ist. Ich weiß jetzt mehr über mich. Aber mit diesem Wissen begegne ich auch wieder Neuem, sehe Dinge vielleicht auch nur neu. Doch ich wähle jetzt stärker, gezielter aus. Um mein Ich zu wahren, offen zu bleiben, Kapazitäten für was da kommt zu sichern, muss ich und werde ich vergessen. Das Vergessen entzieht sich meiner Kontrolle.

Ich kann nicht wissen, wer der Vater war. Er hat eine Leerstelle hinterlassen. Doch ich bin, auch während ich jetzt schreibe, noch mit ihm verbunden, habe ihn in mir. An den Rändern der Leerstelle bleibt ein Gefühl der Nähe, das alle Erinnerungen an ihn begleitet. Die Konstellation zwischen mir und ihm ist aufgelöst. Damit fehlt auch ein Stück von mir. Wir konnten nichts teilen. Was wir gemeinsam machten, die Gespräche, die wir führten, der Weg, den wir gemeinsam als Ungleiche gingen, konnte diesen Umstand kurz vergessen machen. Was davon anschließend blieb, ließ jeden von uns mit dem, was es für mich oder ihn jeweils war, alleine zurück, wie erst durch mein Weggehen ihn und jetzt, endgültig, durch seinen Tod mich mit den Häusern in Wies und so vielem mehr, was ich zum Teil in meinem Buch und jetzt eben nach seinem Tod beschrieben habe, den Erinnerungen, die ich natürlich zu bewahren versuche, denen ich gar nicht entkomme.

Ich habe geschrieben, dass ich noch nicht weiß, was sich durch den Tod des Vaters für mich verändert. Irgendetwas fühlte sich neu an. Ich spürte dem weiter nach und frage mich immer noch, was es ist. Was war es, was mich in der Situation der Lesung, angesichts der Aufmerksamkeit aller auf mich, plötzlich ganz bei mir sein ließ, mir die Sicherheit gab, von mir zu sprechen? Ich schreibe, versuche zu verstehen, wer der Vater war, und spüre gleichzeitig eine Abhängigkeit schwinden, bemerke plötzlich, dass ich mein Ich nicht mehr in Abgrenzung von ihm zu bestimmen suche.

Hat womöglich diese fortwährende Frage nach mir selbst, die im Buch noch so zentral ist, durch den Tod des Vaters ihre Aktualität für mich verloren? Was in dieser zunächst nur diffus verspürten, neuen Selbsterfahrung zum Ausdruck kommt. Und hatte er eventuell mit seinem Argwohn doch recht, dass es also mit meinem Buch doch auch zentral um eine Auseinandersetzung mit ihm und die Befragung seiner Rolle für mich ging?

So entsetzlich das klingt, aber sein Tod ist tatsächlich auch eine Befreiung, die mir vieles, Ungeahntes eröffnet. Er schwächt mich natürlich auch, aber nicht so sehr, als er es wohl getan hätte, wenn ich noch stärker in einer unbewussten Abhängigkeit von ihm gestanden hätte. Dafür war es wichtig, sich früh auch immer ab- und selbst einzugrenzen.

Ich war nicht in seiner Nähe, die letzten Tage und Wochen, als es zu Ende ging, als er starb. Stattdessen habe ich ihn dort gesucht, wo wir uns zuletzt begegnet waren, wo wir uns immer begegnet sind, an einem gemeinsamen Ort im Tun und in Gesprächen. Und da war immer schon dieses Ich, das ich jetzt gefunden habe, mit dem ich jetzt, wenn ich an ihn denke, allein bin, weil er weg ist. Im Weggehen hat er mir eben auch eine Kraft übertragen, eine Kraft, die ich erst durch seinen Tod habe.

Allein die Tatsache, dass er immer noch da war, hat mich zu einem Teil in dem gefangen, der ich durch ihn war. Natürlich ist, wer ich bin, auch jetzt noch von ihm bestimmt, aber ich bin jetzt noch freier, und damit ist, was ich durch ihn bin, noch mehr ich.

Ich werde ihn in mir tragen und weitergehen, jetzt eben noch mehr ich, dadurch noch mehr in mir, noch mehr allein. Ich werde ihn natürlich vermissen. Ich werde ihn weiterfragen, die Fragen stellen, die wir teilten, aber ich werde mir die Antwort jeweils selbst geben oder vielmehr die Fragen immer wieder neu stellen müssen, mich der Fragen erinnern. Sie bleiben mit ihm verbunden.

Corona hat zunächst verhindert, dass die Auseinandersetzung mit dem Buch durch weitere Lesungen eine öffentliche Fortsetzung gefunden hätte. Stattdessen habe ich neu angesetzt, weitergeschrieben, anders, und werde es weiter tun. Mein Ziel wird immer das Gespräch sein, zu dem der Vater mich, aufgrund des Interesses an dem Fremden in mir, eingeladen hatte.

Das Ich ist das Unveränderliche, das sich doch immer wieder neu formulieren muss, um auf sich zurückzukommen und sich dabei doch stets verfehlt. Seine Formulierungen sind ein Spiel mit sich selbst und es bleibt erhalten solange dieses Spiel anhält. Sein Auslöser ist die Realität, die uns in der Gegenwart nicht loslässt, der wir etwas entgegenstellen und zu der wir eine Beziehung kreieren.

Von hier aus schreibe ich meine Geschichte und nur von hier habe ich und nur ich einen Zugang zu ihr.

Von dieser Begegnung mit uns selbst, mit der wir die Dinge aufladen, bleibt am Ende nichts übrig. Mit dem Tod ist sie ausgelöscht.

Als die bereits erwähnte, unten abgebildete Arbeit entstand, war mein Vater etwa so alt wie ich heute.

4. Juli. Der erste Geburtstag ohne seinen Anruf, ohne seine Glückwünsche. Vor einem Jahr hatte ich nicht daran gedacht, dass es das letzte Mal gewesen sein könnte. Wenige Wochen vorher hatte ich ihn besucht und wir hatten über mein Buch gesprochen. Wenige Wochen später war er, da er selbst die weite Strecke nicht mehr mit dem Auto fahren konnte, von seinem ehemaligen Assistenten abgeholt worden, um sich in München in Behandlung zu begeben.

Ein Jahr.

Heribert Sturm, „TILT", Wandarbeit Stahl, ca. 1,50 Meter x 2 Meter, 1990

Der Schriftzug (T I I T) bestehend aus Vierkantstücken aus Vollstahl, aufgestellt auf einem langen waagerechten Stahlvierkant, ist in der Mitte beweglich auf einem fest in der Wand, mit der Spitze nach oben befestigten Winkel gelagert und durch einen senkrechten Rundstab nach unten ausgependelt.

Durch das Auflegen eines weiteren waagerechten kurzen Vierkantstückes rechts anschließend an das zweite „I" entsteht das englische Wort „TILT". Im selben Moment gerät der Schriftzug, das Objekt aus der Balance und die Vierkantstücke, die das Wort bildeten, fallen eventuell sogar herunter.

Es gibt nicht den einen statischen Zustand, in der sich die Arbeit realisiert. „TILT" gehört zur Gruppe von Arbeiten meines Vaters mit „Aufführungscharakter", wie er es ausdrückte.

Mit dem Tod des Vaters wird mir vollends bewusst, dass ich von Anfang an mit meinem Ich allein war.
    Dass dieses Ich, das, so sehr es von ihm beeinflusst ist, von ihm unabhängig ist.
    Sein Tod ruft unendlich viele Erinnerungen in mir wach. Er nimmt mir einen der mir nächsten Menschen, mit allem, was ich mit ihm nicht teilen konnte.

IMPRESSUM

axel dielmann – verlag
Kommanditgesellschaft in Frankfurt am Main, 2022
www.dielmann-verlag.de
Alle Rechte vorbehalten.

Lektorat: Axel Dielmann
Korrektorat: Stefan Schöttler
Für die Unterstützung der graphischen Gestaltung des Buches bedanken wir uns bei Adrian Nießler von Pixelgarten.

ISBN 978 3 86638 360 9

Mit freundlicher Unterstützung durch die

hessische kultur stiftung